活路は「海外」にある！

V字回復を実現する
究極の事業再生術

中澤敏和
TOSHIKAZU NAKAZAWA

幻冬舎MC

はじめに

中小企業の先行きに暗い影が投げかけられています。

中小企業庁が行っている「中小企業景況調査」によれば、２０２１年1―3月期の全産業の業況判断ＤＩはマイナス29・5となっており、前期（２０２０年10―12月期）に比べてマイナス幅が3・4ポイント拡大しています。さらに、２０１９年7―9月期の数値（マイナス17・1）から比較すると12・4ポイントも減少しています。

このように中小企業の経営が厳しさを増している原因や背景はさまざまに挙げられていますが、やはりなんといっても大きいのは新型コロナウイルスの影響です。政府系金融機関や商工団体などが全国に設置した「新型コロナウイルス感染症に関する経営相談窓口」には、２０２１年6月の時点で飲食サービス業、製造業、卸売業、小売業、宿泊業など幅広い業種の経営者から相談が寄せられています。

コロナ禍は、今後もしばらく続く可能性があります。そうなれば、苦境に直面する中小企業が続出することは想像に難くありません。
実際、売上が大幅に下落し、国の支援をすでに受けていても、資金繰りに頭を悩ませている経営者は少なくないはずです。せめて出る金をおさえようと、人員の削減、営業所や店舗の統廃合などさまざまな策を講じているかもしれませんが、経費を節約するだけでは長期化したコロナ禍の根本的な解決にならず、真綿で首を締められているような状態が続くことは避けられません。

私は１９８７年に公認会計士として外資系国際会計事務所に入所したあと、アメリカ、中国の各事務所において現地法人・銀行支店の監査・コンサルティング等に従事するとともに、日本企業の海外進出をサポートしてきました。その後、拓銀、日債銀破たんを端緒とした不良債権処理から派生した事業再生に携わったのをきっかけにアドバイザリーとしての幅を拡げました。以降、苦境に陥った中小企業に対して「海外」と「再生」を掛け合わせた戦略を提案し、多くの経営再建を実現してきました。そして、このときに構築した金融機関とのネットワークと実績を武器に、２０１５年に独立。クロスボーダーＭ＆Ａなど、国境を越えた中小企業のサポートを幅広く手掛け、そのなかには、国内では需要がなくなった商品やサービスを抱えていた企業も多く含まれています。

その経験を踏まえて断言できるのは、国内では需要がなくなった商品やサービスを抱える中小企業でも、活路を「海外」に見出せば再生は十分可能だということです。ただし、単に日本の商品やサービスを海外に展開するだけでは不十分で、Ｖ字回復を実現するには押さえておかなければならない知識やポイントがあります。

２０００年以降、日本では企業再生や海外進出についての公的な仕組みが整えられており、これらの仕組みを上手に活用するのが近道です。

そこで本書では、企業再生や海外進出について、具体的にどんな仕組みがあり、どう活用したらよいのかを詳しく解説します。

また、国内で需要のなくなった商品を国内で展開するうえでは、金融機関の融資を引き出すのは困難なケースも少なくありません。そのため、海外に進出するにあたって、再生計画をどう作成すれば融資を引き出すことができるのかについても触れています。

グローバル化の発想とノウハウをもつことは、中小企業が厳しい時代を生き抜くうえで大きな武器と力になるはずです。

本書が、困難な現状を打開し、さらなる展開を求める企業経営者の一助になればそれにまさる喜びはありません。

活路は「海外」にある！　V字回復を実現する「究極の事業再生術」　目次

［第3章］海外進出でV字回復を実現！　中小企業、起死回生の仕組みとは――

［第4章］成功の鍵は海外パートナーにあり

グローバル市場を切り開くパートナーシップの築き方

[第5章] グローバル化には金融機関の支援が不可欠
融資を引き出す再生計画のつくり方

［第6章］グローバル化を推し進め、令和不況に打ち勝て

［第1章］

迫り来る〝大倒産時代〟あなたの会社は持ちこたえられるか

右肩上がりで増え続ける〝コロナ倒産〟

現在、コロナ禍が未曾有の被害を日本経済にもたらしています。２０２０年のＧＤＰは史上2番目の落ち込みとなり、さらには新型コロナウイルスの感染拡大が原因と見られる企業の経営破綻が相次いでいるのです。

大手信用調査会社の帝国データバンクによれば、２０２1年3月31日現在、新型コロナウイルスの影響を受けた倒産は全国で１２３７件も確認されています。

負債総額は４４０９億５５００万円で、内訳を見ると1億円未満の小規模倒産が６７９件と半数以上を占めていますが、ＬＣＣ会社、エアアジア・ジャパンの経営破綻など負債１００億円以上の大型倒産も4件発生しています。

業種別では飲食店（２０５件）が最も多く、建設・工事業（１１０件）、ホテル・旅館（86件）、アパレル小売（67件）と続きます。

都道府県別では東京都（２９０件）が最多であり、以下、大阪府（１２1件）、神奈川県（72件）、静岡県（56件）、北海道（54件）、愛知県（51件）、兵庫県（50件）となります。

［図表1］新型コロナウイルス関連倒産の月別発生

（倒産が確認された月ではなく発生した月で計上）

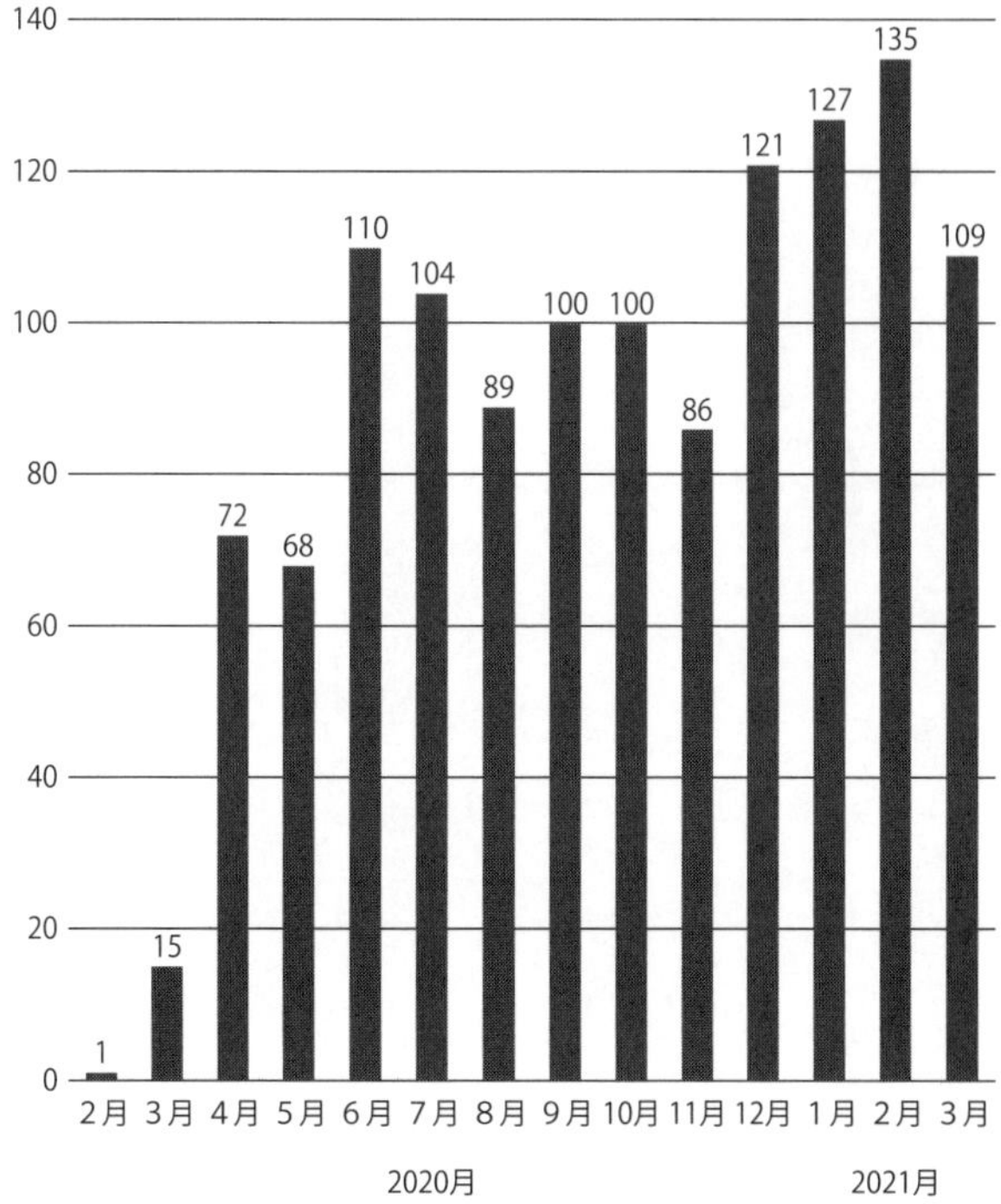

（帝国データバンク
「新型コロナウイルス関連倒産は1237件～ 2021年は371件発生～」より）

売上が減少した企業は7割を超える

また、今は辛うじて倒産を免れているとしても、企業の経営者のなかには、業績の先行きに強い不安を抱いている人が少なくありません。

東京商工リサーチが2021年2月に1万社以上の企業に対して行ったアンケート調査では、「新型コロナウイルスの発生は、企業活動に影響を及ぼしていますか?」という質問に対して、「影響はない」と回答した企業はわずか3・42%にとどまりました。

また、同年1月の売上高が前年に比べて減少した企業は7割を超えています。

さらに、「コロナ禍の収束が長引いた場合、『廃業』(すべての事業を閉鎖)を検討する可能性はありますか?」という質問に対して、廃業を検討する可能性が「ある」と回答した企業は6・3%に達していたのです。

このうち、49・5%の企業は廃業を検討する時期を「1年以内」と回答しています。「今の状態が1年も続いたら、とてももたない……」と危機感を抱いている企業経営者がかなりの数に及んでいるのです。

［図表２］新型コロナウイルスが企業活動に与えた影響

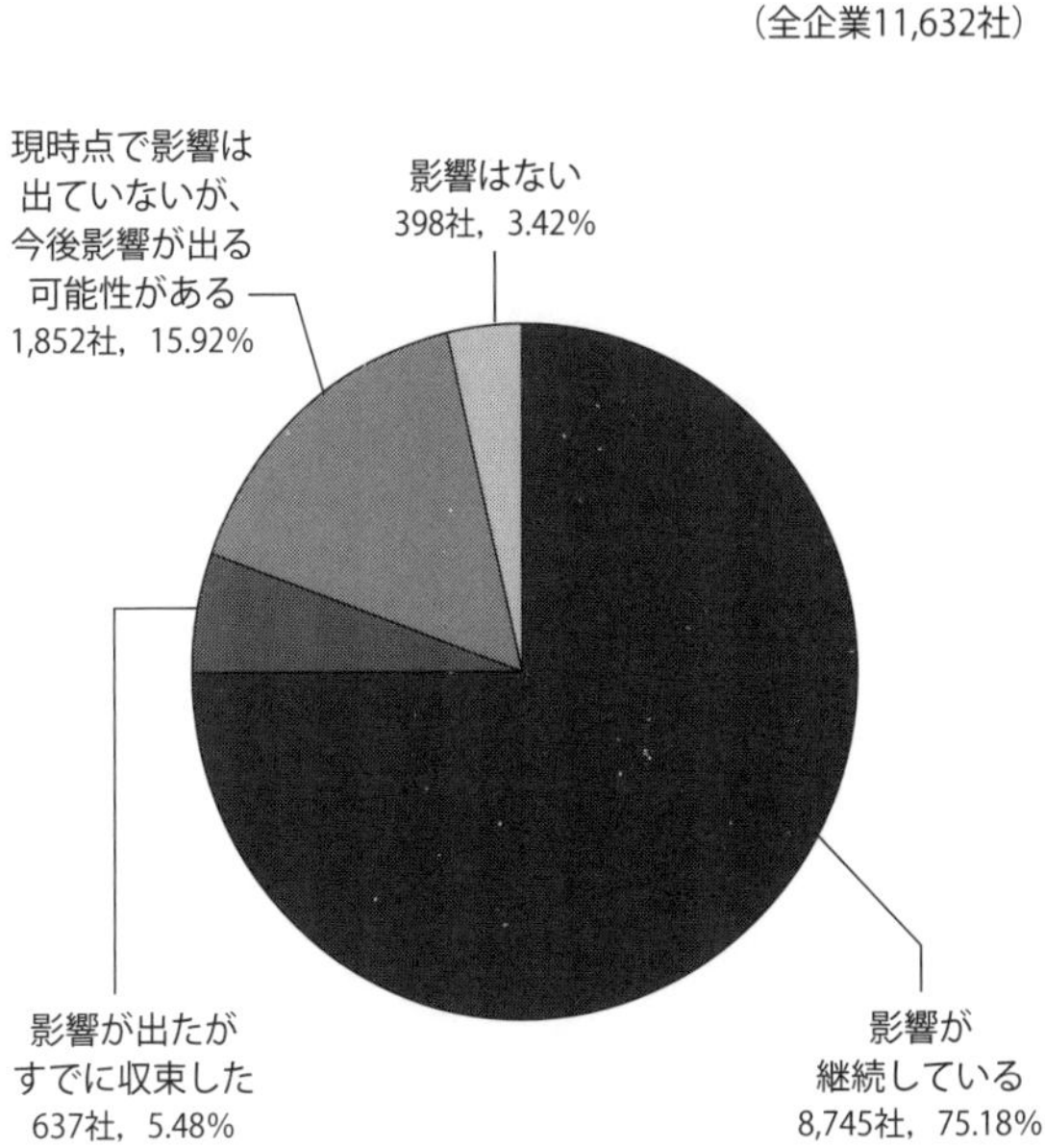

（東京商工リサーチ「第13回「新型コロナウイルスに関するアンケート」調査」より）

コロナ禍は人々の雇用も奪った

コロナ禍に苦しめられているのは企業経営者だけではありません。

東京商工リサーチによると、２０２０年に早期・希望退職の募集をかけた上場企業は93社で、２０１９年の35社から２・６倍に増えています。

また、厚生労働省も、新型コロナウイルス感染症に関連する解雇や雇い止めについて統計をまとめており、２０２１年1月15日時点で見込みを含めて８万２０５０人に及んでいると発表しています。

業種別では製造業の１万７３６８人が最多であり、都道府県別では、最も多かったのが東京都の１万９４６８人です。以下、大阪府の６７８２人、愛知県の４７２３人、神奈川県の３７８０人、北海道の３２５９人と続きます。

しかも、潜在的な失業者の数はこれ以上との指摘もあります。

たとえば、野村総合研究所は、新型コロナウイルス感染拡大の影響で、パートやアルバイトとして働く女性１１６３万人のうち、少なくとも７・７％にあたる90万人が「実質的な失業状態」にあるとの推計結果を２０２１年１月に公表しています。

このように、新型コロナウイルスは、多くの人々の雇用も奪うなど日本の企業社会に計り知れないダメージを与え続けているのです。

リーマン・ショック、東日本大震災によって受けた打撃は今も続いている

ここまで触れてきたような〝コロナショック〟の企業に対する影響を考えるうえでは、２００８年のリーマン・ショック、さらには２０１１年の東日本大震災の〝後遺症〟についても考慮しておくことが必要になります。

というのも、日本の中小企業のなかには、この２つの大事件・大災害から受けたダメージが今もなお続いているところが少なくないからです。

たとえば、リーマン・ショックから受けた打撃が今も続いていることは、東京商工リサーチが２０２０年11月に公表した「リーマン・ショック後の企業業績」調査で、はっきりと示されています。

同調査によれば、２０１８年度の時点で、上場企業に関して、製造業、卸売業、運輸業

は２００８年度以降、一度もリーマン・ショック前の水準を回復していません。

また、非上場企業に関しては、農・林・漁・鉱業、小売業が売上高の回復に至っていません。

特に非上場の小売業は苦戦が続き、リーマン・ショック前の２００７年度を１００とすると、２０１８年度の売上高合計は75・7、利益合計は69・6で、２００８年度以降、一度も１００を超えていません。

さらに、東日本大震災からのダメージに関しては、震災から10年が経った現在も被災地の経済が伸び悩んでいることがマスコミ等によって報じられています。一例を示すと、２０２１年２月６日付の時事通信社の配信記事では、「震災前と比べて売上が半分」と話す福島県浪江町の飲食店経営者の声を伝えています。

このように、リーマン・ショック、東日本大震災から受けた〝傷〟がまだ十分に回復していない中小企業の経営者にとっては、コロナ禍はまさに古傷を上から深々とえぐられるような苦痛をもたらすものと感じられているに違いありません。

人口減少で内需は減少、新たな売上獲得の戦略がなければ座して死を待つのみ

なかには「コロナ禍はいつまでも続くわけではない。ワクチンが普及すれば、社会や生活は元に戻る。そうなれば、売上や利益は回復するだろう」と、将来に希望を抱き、今の逆境をひたすら耐える心構えでいる経営者もいることでしょう。

しかし、仮にコロナ前の状況に戻ったとしても、ただそれだけで業績が回復するとは限りません。

それは、これからの日本にはコロナ禍以上に深刻で大きな問題が立ちはだかっているからです。

〝人口減少問題〟です。

日本の総人口は２００８年をピークに減少に転じており、将来推計では２０５０年に１億人を下回ることが予想されています。

人口の減少は国内市場の縮小をもたらすことになります。そのため、多くの企業が需要不足によるダメージを被ることが避けられません。

とりわけ、売上を国内需要に大きく依存してきた、小売業、サービス業等の内需型産業は非常に深刻な状況に直面することになります。

内需に代わる新たな売上獲得の戦略を描くことができなければ、シュリンクしていく市場のなかで、文字どおり座して死を待つしかなくなるのです。

ＩＴの進化のなかで取り残された日本経済は地盤沈下している

20世紀の日本経済をけん引した、世界に冠たる日本の主要産業が、いまや米国・中国だけでなく台湾・韓国・ＥＵ諸国などからも取り残されつつあります。特に顕著なのが電機産業で、ＩＴの進化に完全に取り残され、追いつくどころか、組織内のグローバルな発想が求められるなかで、最近ますます苦境に陥っています。頼みの自動車産業でも、乗用車のスマホ化、ドローン化において、なかなかＩＴやグローバルの観点がベースにならない状況で、米国・中国その他の国々と伍していくのは至難の業です。

ひとえにそれぞれの日本企業の組織での、自由で柔軟な発想や経営能力に依拠してくるのだと思われますが、形式的な男女平等の証拠づくりに腐心するのではなく、新陳代謝の仕組みづくりと合わせ、今までの視点とは異なる真の世界標準やグローバル的発想に基づく活性化が生きるか死ぬかのキーとなるでしょう。

［第２章］

苦境に陥った中小企業にも活路はある既存の商品、サービスを「グローバル」に展開して生き残る！

国内では賞味期限が切れた商品・技術・サービスでも海外にはまだ十分マーケットがある

リーマン・ショック、東日本大震災、コロナ禍というように、日本の中小企業は、ここ10数年のうちに起こった計り知れない災厄の数々によって苦しめられ続けており、そしてこれからさらに、人口減少の問題や日本経済の地盤沈下に直面しようとしています。

このかつてない危機的状況を乗り切るために、企業経営者は策を講じていかなければなりません。

すでに、おそらく売上・利益が低下し、経営が傾き始めている企業経営者のなかには、「一刻も早く、生き残るための処方箋を知りたい」という人がいるはずです。

結論からいえば、業績が悪化している中小企業が現状を打開するためには、グローバルマーケットに活路を見いだすことが最も効果的な対策となるはずです。

すなわち、現在、多くの大企業が行っているように、中小企業も海外市場を開拓することによって、生き残りの道を切り拓くことができるのです。

国内では満足のいく売上を立てることができなくても、国外で十分な売上を得られれば、それだけで業績を改善することが可能になります。

たとえば、小売業であれば、自社製品に対する需要のある海外エリアに新たに5店舗ほど出店し、1店舗あたり4億円稼げるとすれば20億円の売上増が計算できます。

また、1点2万円の価格の自社製品が、国内マーケットとは別に海外マーケットで新たに5万点売れるのであれば10億円の増収が見込めます。

しかも、日本ではすでに流行が終わった、賞味期限が切れたと見られているような商品・技術・サービスであっても、海外の市場ではまだその存在が知られておらず、十分価値があると評価される可能性もあります。

コロナ禍のなかでこそグローバル化を試みることが可能

もっとも「コロナ禍の中で海外渡航さえ難しい状況なのにグローバル展開など可能なのだろうか」と疑問に思う人もいるかもしれません。

しかし、コロナをきっかけにして、Ｚｏｏｍ等のビデオ会議システムを利用した海外とのやりとりが当たり前となり、活発に行われています。

私自身もそうしたシステムやツールを用いて、海外企業との交渉などをごく日常的に行うようになり、何の問題も感じていません。

また、日本ブランドの商品・技術・サービスへの注目度は依然として高く、日本の製品であるというだけで、他国の事業者・消費者の注目を集められる可能性が十分にあるのです。

そのなかにはコロナの感染が広がったことをきっかけに関心を寄せられたようなものもあります。コロナ時代の「巣ごもり文化」に、日本固有の文化が個別的に適合するケースが多いのです。

日本商工会議所もコロナ禍の危機を打開するため中小企業の海外進出を重視している

実際、現在、中小企業に海外進出を強く促す声はさまざまなところから上がっています。

たとえば、日本商工会議所もコロナ禍のなかで、中小企業が見いだすべき活路の一つとして海外展開を重要視すべきことを訴えています。

同所が２０２０年8月に公表した「２０２１年度中小企業・地域活性化施策に関する意見・要望」では、新型コロナウイルスの感染拡大によって倒産・廃業が急増する恐れがあることへの懸念を述べたあと、そうした状況を打開するために「海外ビジネス展開支援、自由貿易体制の堅持、経済連携協定の推進」を要望項目の一つとして挙げています。

具体的には、以下の４つの事項です。

①グローバルな経済活動の再開に向けたタイムリーな情報提供や人の往来を支える検査・医療体制の早期拡充

②自由貿易体制の一層の推進、日米貿易協定、ＴＰＰ11、日ＥＵ・ＥＰＡの活用促進、ＲＣＥＰ等の経済連携協定の交渉推進

③特定原産地証明書のオンライン発給の早期実現

④各国で感染拡大が収束し、国際的な経済交流活動が再開した際には、国内中小企業の輸出促進を図るなど、外需取込みに向けた中小企業の国際化支援の強化

また、この要望項目とは別に、海外への直接輸出・投資を行う中小企業の比率を今後5年間（2025年まで）で10％向上させることが必要であるという見解も示されています。

TPPが海外進出の追い風になる

しかも、中小企業の海外進出を後押しする環境は10年前よりも、格段に整っています。つまり大きな流れとして、以前に比べて中小企業が海外マーケットを切り拓いていくことがはるかに容易になっているのです。

2018年に発行したTPP協定も、そうした流れの一つに位置づけることができます。TPP協定とは、環太平洋パートナーシップ（Trans-Pacific Partnership）協定の略称で、関税撤廃などアジア太平洋地域における人、物、金、情報、サービスの移動をほぼ完全に自由にすることを目指した国際的取り決めです。

2021年4月現在、日本のほかにオーストラリア、ブルネイ、カナダ、チリ、マレーシア、メキシコ、ニュージーランド、ペルー、シンガポール、ベトナムの合計11カ国が参加しています。

政府のＴＰＰ等総合対策本部によってまとめられた「総合的なＴＰＰ関連政策大綱」では、その効果に関して次のように述べられています。

「ＴＰＰを契機に国や地方公共団体、商工会、商工会議所等の各種支援機関等により創設した『新輸出大国コンソーシアム』について、農業協同組合・観光協会等との連携強化や地域の企業グループに対する支援等を通じ、地域資源の活用や訪日外国人への売り込み、世界市場（グローバル）に対し地方の中堅・中小企業等（ローカル）が直接製品等を提供するグローカルな取組等を更に促進する。また、イノベーションや農商工連携も含めた他産業との連携を通じて、コンテンツや食文化などに代表されるクールジャパンやグリーン社会の実現に資する環境技術など、モノやサービス、コンテンツのグローバル市場開拓・事業拡大を目指す企業に対し、下記②、③（著者注釈：②＝コンテンツ、サービス、技術等の輸出促進、③＝農林水産物・食品輸出の戦略的推進）の施策等とも連携しつつ、製品開発、国際標準化、知的財産、人材、海外企業とのマッチングや展示会を含めた販路開拓支援等の総合的な支援を提供する。コロナ禍でも中堅・中小企業が海外展開を進められるよう、中堅・中小企業へのＥＣ向けの商品開発支援やＥＣ事業者との契約締結等の支援など、専門家による支援を拡充する。また、金融機関（政府系金融機関を含む。）による企業の海外展開支援を促進する」

このように、ＴＰＰは大企業のみならず、グローバル化に取り組む中堅・中小企業にとっても大きな恩恵があるものなのです。

そして、海外展開に関するＴＰＰの具体的な効果やメリットとしては、一般に以下のような点が挙げられています（経済産業委員会調査室　柿沼重志・東田慎平著「中小企業の海外展開の現状と今後の課題―ＴＰＰを通じた『新輸出大国』の実現に向けて―」をもとに作成）。

①関税撤廃

自動車部品等のほか、繊維・陶磁器等の軽工業品についても関税撤廃を実現。

↓中小企業自らの輸出拡大のみならず、大企業の輸出拡大を通じても中小企業の事業にメリットが期待できる。

②原産地規制の「完全累積制度」の導入

複数の締約国において付加価値の足し上げを行い、原産性を判断する完全累積制度を採用。

↓部品等を輸出する中小企業にメリット。いわゆる「居ながらにしての海外展開」が可能になる。

③投資・サービスの自由化

コンビニエンス・ストアや金融業等に関する外資規制が緩和。

↓食品や日本各地の特産品等を生産する中小企業がコンビニエンス・ストアと連携することで海外展開が容易になる。

④電子商取引に関する規定の導入

消費者が電子商取引を安心して利用できる環境の整備。

↓ITを活用して、海外で商品を販売することができる。いわゆる「居ながらにしての海外展開」が可能になる。

⑤政府調達に関する規定の導入

調達の公平性や透明性に関する手続規則が規定される。

↓インフラ市場や政府関係機関の調達市場へのアクセスが改善する。

コロナ禍のなかでも前進するＴＰＰの動き

ちなみに、ＴＰＰを巡る国際的な動きはコロナ禍の状況下でも着実に前進しているところです。

まず、２０２１年２月にはイギリスが参加を申請しました。これはＴＰＰが発効してからの初めての新たな加入申請例となります。

また、現在は未加入の中国も２０２０年11月に参加に対する意欲を示しています。

さらに、２０２１年４月にはフィリピン政府が、ＴＰＰへの加入手順に関する調査を始めたことが明らかにされています。すでに参加している日本やオーストラリアなど11カ国との非公式協議を始めることも検討していると伝えられています。

それに加えて、トランプ政権下で一度は脱退したアメリカが、先に政権交代を実現したバイデン大統領のもとで復帰する可能性があるという観測も流れています。

このように今後、ＴＰＰの参加国がさらに拡大していく可能性は非常に高いといえるでしょう。そのことは、日本の中小企業がこれから海外に向かっていくうえで大きな力になることは間違いありません。

海外進出を後押しするための事業を国が始めている

また、こうしたＴＰＰに関する取組みとは別に、国は近年、中小企業の海外進出を後押しするための事業を次々と意欲的に打ち出しているところです。

たとえば、２０１４年からは「中小企業・小規模事業者海外展開戦略支援事業」が5年間実施されていました。

同事業は、海外市場に活路を見いだそうとする中小企業・小規模事業者に対して、海外展開のさまざまな段階におけるニーズに応じた施策を通じて戦略的に支援するというものでした。

事業の主な中身は以下のとおりです。

①新規に海外市場に活路を見出そうとする中小企業・小規模事業者を中心に、事業計画策定から海外販路開拓、現地進出、進出後の課題や事業再編の対応まで、一貫して戦略的に支援

②具体的には、海外展開を目指す中小企業への事業計画の策定や、Ｗｅｂコンテンツの作成を通じた商材・技術の魅力発信を支援するとともに、海外への展示会出展やテストマーケティング等を通じて、販路開拓も支援

③海外現地の大使館、金融機関などの官民支援機関が連携する「中小企業海外展開現地支援プラットフォーム」の整備等を通じ、進出から事業再編までそれぞれの局面で総合的に支援

④ＴＰＰを含むＥＰＡ（経済連携協定）に基づく原産地証明制度に対する事業者等の理解を促進するため、セミナーを開催するとともに、相談窓口の設置、原産地証明書の作成を支援するツールを提供

⑤海外市場に参入する際に必要となる海外認証に関する情報提供体制の整備等を通じて、認証取得を支援

最大で２０００万円の補助金を受けられる事業も

この中小企業・小規模事業者海外展開戦略支援事業はすでに終了していますが、国による同様の取組みとして、ほかには⑴新輸出大国コンソーシアムや⑵現地進出支援強化事業、⑶「ＪＡＰＡＮブランド育成支援等事業」が行われているところです。

⑴新輸出大国コンソーシアムは、事業計画策定から展示会出展、その後の商談成立にいたるまで、専門家がハンズオンで一貫支援するというものです。

また、⑵現地進出支援強化事業は、海外展示会出展支援、海外有力バイヤー招へい、海外へのミッション派遣、現地情報の収集・提供等により、中小企業の現地進出を支援するものです。

そして、⑶「ＪＡＰＡＮブランド育成支援等事業」は、中小企業等が優れた素材や技術等を活かした製品の海外販路を開拓するための戦略の策定、また、その戦略に基づいて行う商品の開発や海外展示会への出展等に要する経費の一部を補助するものです。

令和元年度に実施されたＪＡＰＡＮブランド育成支援等事業は大きく①海外・全国展開

型と②支援事業型に分かれています。

①海外・全国展開型

海外展開や全国展開、インバウンド需要の獲得に取組む際、経費の一部を補助

補助額 上限500万円（複数者による共同申請の場合は上限2000万円）

補助率 2／3または1／2

②支援事業型

民間支援事業者や地域の支援機関等が、海外展開や全国展開、インバウンド需要の獲得に関する支援を行う際、経費の一部を補助

補助額 上限2000万円

補助率 2／3

多種多様で幅広い事業が補助金を受けている

ちなみに、令和元年度のJAPANブランド育成支援等事業に応募、採択され、補助金

対象となった事業は110件（事業型102件、支援型8件）に達しました。採択された事業の例を参考までにいくつか示しておきます。

・EC活用で、創業300年の日本酒を世界に発信プロジェクト
・ボトリングティ及びモダン茶道具の海外展開事業
・「外国人向け和食料理教室」をニュージーランドに展開し、同国と日本を結ぶスクール＆グローバルビジネス
・オンライン商談を活用したベトナムにおけるアップコン工法の普及
・ECセールスプラットフォームを通じたカクテル用品のEU向けDtoC（Direct to Consumer）事業
・新たな米糠発酵食品開発で糠漬け文化を世界へ。EU向け商品開発及び販路開拓事業
・エシカル・ファッションブランド「KAPOK KNOT」のDtoCによるアメリカ展開
・オーガニックコットンを軸とした、奈良の靴下のSDGs対応型ブランドの世界展開
・自社イ草製品の販路開拓を目的とした台湾でのクラウドファンディングへの取り組み

・アニメーションとのコラボ戦略による「日本の歯みがき改革&海外進出」

このように、日本酒やオーガニックコットン、歯みがきなど多種多様で幅広い製品が採択され、補助金を得ています。

JAPANブランド育成支援等事業は、令和3年度も引き続き実施されています（事業の中身や補助金の額等はこれまでのものとは若干、異なる可能性があります）。

コロナ禍だからこそ海外展開が重要であることを国も認識している

ちなみに経済産業省が財務省に提出した令和3年度の概算要求の文書中では、JAPANブランド育成支援等事業の目的・概要について以下のように述べられています。

・人口減少による国内市場の縮小や、新型コロナウイルスによる事業へのダメージが継続する中、中小企業者にとって、海外展開や新事業展開により新たな需要を獲得することが極めて重要となっています。

・特に、コロナ危機での生活のあり方の変化による社会ニーズの変化や、電子商取引（EC）やオンライン商談の浸透をはじめとしたビジネス手法の変化などが急速に発生しており、こうした市場や社会の変化はさらに加速していくと想定されます。
・本事業では、海外市場等の新たな市場の獲得に向けて新商品・サービスの開発、販路拡大、ブランディング等に取り組む中小企業者や、そうした中小企業者の取組を後押しする民間支援事業者や商工会・商工会議所等に対して、それらの取組に係る費用について一部補助を行います。
・特に、ECやクラウドファンディングなどを活用した非対面・遠隔のビジネス様式に対応した取組や、社会変化を捉えた新事業の取組を重点的に支援します。

これを読むと国も、コロナ禍の今だからこそ、中小企業が積極的に海外に展開しなければならないとの思いに立っていることが伝わってきます。コロナ禍で起きたことは、決して一時的な現象ではなく、グローバル化の必然性を前倒しさせ、今後はそれが普遍化していきます。より多くの中小企業がグローバル化のメリットに気がついていくことになりますが、まずはご自分が先手を打ってその先行利得を享受すべきです。

海外進出のステップに応じて支援機関から多彩なサポートを受けられる

このように国は中小企業の海外展開を支援する事業を積極的に展開しているところですが、そうした事業を利用するほかに、公的なサポート機関を使って海外にスムーズに進出することが、現在、可能となっています。

つまり、中小企業のグローバル戦略をサポートする公的機関がいくつか存在します。

JETRO（日本貿易振興機構 Japan External Trade Organization）は経済産業省所管の独立行政法人で、海外の市場調査、国際見本市の開催、輸入促進への協力などの業務を行っています。

中小機構（中小企業基盤整備機構）は、中小企業の事業活動を支援することを目的とした独立行政法人であり、やはり経済産業省が所管しています。

JICA（国際協力機構 Japan International Cooperation Agency）は、外務省が所管する独立行政法人で、開発途上地域等の経済・社会の発展に寄与し、国際協力の促進に資することを目的とする事業を展開しています。

海外進出を行う場合、①計画策定段階、②事業準備段階、③海外展開段階というステップを踏むことになります。これらの公的な機関は、段階に応じたさまざまな支援活動に取り組んでいます。

たとえば、①計画策定段階では、セミナー等による情報提供や相談対応、事業の実行可能性調査（フィージビリティ・スタディ）等を、②事業準備段階では人材育成・確保や販路拡大に向けた商品開発支援、国内外での商談機会の提供等を行っています。

また、③海外展開段階では、海外での情報提供や課題解決に関する相談、長期性資金の融資や知財関係のアドバイス等を行っています。

それぞれの活動の詳細について、「中小企業の海外展開の現状と今後の課題―ＴＰＰを通じた『新輸出大国』の実現に向けて―」では、表に分かりやすくまとめられています。

「日本の魅力」を事業化すれば官民ファンドからの資金も得られる

中小企業のグローバル化に関わる公的機関としては、海外需要の開拓に関連する支援・

[図表3] 各支援機関の主な中小企業海外展開支援施策

①計画策定段階【検討開始・情報収集】

概要	支援機関	支援施策	施策内容
情報収集	JETRO	各種情報提供	世界各国のビジネス情報の提供等
		セミナー・講演会	国別の最新ビジネス動向、EPA、輸出ノウハウ等テーマごとに全国各地で定期的に開催
	中小機構	海外展開セミナー	海外の最新市場動向等の情報を、事例を交え提供するセミナーを開催
相談	JETRO	貿易投資相談	実務面の疑問点や貿易投資制度等各種質問に、実務経験豊富なアドバイザーが無料で回答　※海外(現地)JETRO事務所では海外ブリーフィングサービス(情報提供)を実施
		海外コーディネーターによる輸出支援相談サービス	農林水産物・食品、アパレル・テキスタイル等各種専門分野について、海外に配置しているコーディネーターが、アドバイス(現地の売れ筋商品、現地販売可能性等)
	中小機構	国際化支援アドバイス	相談企業の経営課題を把握の上で、国際化で抱える課題(対象国の選定、海外向け製品の開発・改良の必要性等)を無料でアドバイス
調査・計画策定	JETRO	海外ミニ調査サービス	取引先候補検索、小売価格、統計資料等ワンポイントの海外ビジネス情報収集を支援
		輸出有望案件支援サービス	各専門家が、情報収集、海外見本市随行、商談の立会い、契約締結まで支援(支援期間は2年間)
		見本市・展示会データベース	世界各国(147カ国・地域)の見本市・展示会(約4万2000件)の検索が可能
	中小機構	海外ビジネス戦略推進支援事業	F/S(事業化可能性調査)支援に加え、ウェブサイトの外国語化、物流体制の構築等を支援(諸経費の2/3を機構が負担)
	外務省、JICA	中小企業等の製品・技術等とODAのマッチング事業	中小企業等の製品・技術等の開発援助案件化を念頭に置いた「ニーズ調査」、製品・技術を途上国の開発へ活用する可能性を検討するための「案件化調査」、現地適合性を高めるための実証活動を通じ、その普及方法を検討する「普及・実証事業」

②事業準備段階【商品開発・パートナー探し】

概要	支援機関	支援施策	施策内容
人材育成・確保	JETRO	海外展開のための専門家活用助成事業	日本の中堅・中小企業が、新興国等への海外展開(拠点設立・輸出等)に取り組む際、海外ビジネスに精通した外部人材(専門家)を雇用する経費等の一部を助成
国内で海外販路開拓	JETRO	引き合い案件データベース(TTPP)	国内外の企業が登録(無料)したビジネスに関連する世界の商品・サービスが閲覧可能(世界170カ国・4万人以上の登録ユーザーが利用)
		海外バイヤー招聘・個別商談会	各分野において、海外から有力なバイヤーや有識者を招聘し、海外市場開拓を目指す日本企業とのマッチングのための個別商談会を開催(無料で通訳を用意)
	中小機構	国際展示会(国内)出展支援	資料の翻訳等事前準備支援、通訳等出展時の支援、出展後の商談フォロー等支援
		マッチングサイト(J-GoodTech)	優れた技術・製品を有する日本の中小企業を大手企業や海外企業につなぐ、ものづくりBtoBマッチングサイト等を提供

海外で直接販路拡大	JETRO	海外見本市・展示会出展支援、個別出展支援	海外でのJETRO主催・参加のジャパン・パビリオンへの出展をパッケージでサポート。また、海外で開催される見本市・展示会に出展する際の経費の一部を助成
		海外ミッション派遣	単独企業では情報入手が困難な海外市場、有望投資先に向けてミッションを派遣。現地では、現場の視察、関係者との意見交換、ビジネスマッチング等のプログラムを提供
	中小機構	海外展示会出展サポート	海外での展示会（主にジャパン・パビリオン）を対象に、出展の準備段階（海外販路開拓に係るアドバイス、商談資料の作成支援等）から契約等のフォロー（契約実務、輸出入のノウハウ提供等）までの一貫した支援を無料で行う（翻訳費用は1/3自己負担）

③海外展開段階【課題解決】

概要	支援機関	支援施策	施策内容
資金調達	商工中金	海外展開（オーバーシーズ21）	中小企業の海外現地法人の事業開始又は拡大に必要な資金の融資や各種情報を提供
		グローバルニッチトップ支援貸付制度	特定分野に優れ世界で存在感を示すグローバルニッチトップを目指す中堅・中小企業等に対し、海外市場に乗り出す際に必要となる長期資金を融資
	日本公庫	海外展開・事業再編資金	海外での事業開始、海外展開事業の再編等を支援するため、必要な設備資金及び運転資金を特別利率で融資
リスクヘッジ	NEXI[*1]	中小企業輸出代金保険	保険の引受けにより、輸出の際のカントリーリスク（為替制限、戦争、支払国に起因する外貨送金遅延等）や信用リスク（取引先の倒産、貨物代金の不払い）についてリスクヘッジ
	日商	中小企業海外PL保険	製造又は販売した製品が原因で、海外で事故を発生させた場合の損害を保険
知財	INPIT[*2]	海外知的財産プロデューサーによる個別企業支援	専門家が、海外ビジネス展開に応じた知財リスクやその具体的対策、知財の管理・活用に関するアドバイス・支援を無料で実施
進出後支援	中小機構	海外事業再編戦略推進支援事業	海外子会社の経営に課題を抱えている中小企業（国内親会社）に対し、専門家による経営診断及び市場調査等を通して、事業再編に資する選択肢を提案することにより、当該課題の解決の推進を支援（諸経費の2/3を機構が負担）
	日弁連	中小企業海外展開支援弁護士紹介制度	海外展開において、相手国側の企業等との契約書のチェック等で法的知見を必要とする場合や、トラブルにあった場合に、アドバイスをする弁護士を紹介するサービスを実施

＊1　NEXI：日本貿易保険
＊2　INPIT：独立行政法人工業所有権情報・研修館
（注）支援メニューによっては、いくつかの段階にまたがるものもあるが、本表上は『中小企業海外展開支援施策集』の分類に従い、当該メニューの中心的な１つの段階に整理している。
（出所）中小企業庁『中小企業海外展開支援施策集』（2015.4）より作成

（経済産業委員会調査室 柿沼 重志・東田 慎平著「中小企業の海外展開の現状と今後の課題 ― ＴＰＰを通じた「新輸出大国」の実現に向けて ―」より）

促進を目的とした官民ファンドも立ち上げられています。そのなかで最も知られているのは、2013年に設立された「クールジャパン機構（株式会社海外需要開拓支援機構 Cool Japan Fund Inc.）」でしょう。

同機構は「日本の魅力」を事業化し、海外需要の獲得につなげるため、「メディア・コンテンツ」「食・サービス」「ファッション・ライフスタイル」「インバウンド」をはじめとするさまざまな分野でリスクマネーの供給を行う方針を掲げています。

また、一般的なファンドと異なり、事業者を長期スパンで支援して、事業の戦略策定や経営支援等を積極的に展開することが打ち出されているところが大きな特徴です。

同機構がこれまでに投資を決定した案件は50件、総投資額は約1071億円に達しています。

【支援対象の例】

エンターテインメント番組製作

・アジアで日本関連番組を現地企業と共同製作し放送

・番組に連動したイベントや物販等を実施
・日本の食材や観光地の宣伝に大きく貢献

日本の魅力発信を行う動画配信メディアへの支援

・欧米や南米を中心に全世界のミレニアル世代から支持を受ける動画配信メディアへの支援
・日本発の動画コンテンツ拡充や関連商品のEC取扱拡大等を支援

日本食材コールドチェーン

・冷凍・冷蔵・常温の温度管理を実現するコールドチェーンをベトナムに整備

日系外食企業向け食材加工

・台湾、中国で、現地日系外食企業への食材加工・供給を支援

今は無理でもチャンスをうかがい続けることが大切

右のJAPANブランド育成支援等事業で採択されたケースにも示されているように、幅広い業種・業態の企業に海外進出の可能性があります。

たとえば、意外に思う人もいるかもしれませんが、「公文式」で知られる株式会社 公文教育研究会も１９７０年代から海外展開をしており、北米、南米、アジア、オセアニア、ヨーロッパなど広範な地域に95カ所の拠点を有しています。

また、空手などの日本の伝統武道も海外では依然として人気があり、極真空手で有名な極真会館は世界各国に道場を広げています。

ただ、その一方で海外進出が難しい業種・業態があることも否定できません。

一例としては、医療医薬関係が挙げられます。医薬品のなかには日本人に対しては薬効があっても、欧米人に対しては効果が乏しいものもあります。もちろん、進出先の現地の人を対象に治験を行い効果があることを確認できるのならマーケットの開拓が可能となるでしょうが、現地で治験の仕組みをつくるのには多額の資金が必要になるのでハードルは高くなります。

それから、風俗産業やギャンブル産業も、宗教的な問題や法規制の面などから難しい国が多いでしょう。

また、戦略物資や軍需品に関わる業種も、政治上・軍事上の理由から海外展開は困難と思われます。

このほかにも、現時点ではグローバル化が容易ではない商品・技術・サービスを扱っている企業があると思います。ただ、今は難しくても、今後の情勢の変化により海外進出が可能になることは十分に考えられます。

経営者としては「わが社には無理だ」などと諦めてしまうのではなく、常に進出のチャンスをうかがう姿勢を保ち続けることが肝要です。

海外進出を果たした中小企業の実例

実際に、国内マーケット縮小等の問題に直面しその打開を図り、海外進出を果たしている中小企業はすでに少なからず現れています。中小企業庁がとりまとめた海外展開の成功事例を紹介します（中小企業庁「海外展開の成功事例〈『我に続け、海外展開！』応援隊〉」をもとに作成）。

経緯

2005年５月	国内市場が縮小傾向にあったため、海外への輸出を決断。
2006年７月	アメリカやイタリア向け輸出業者からのオファーもあり本格的輸出開始。
2009年２月	地域資源活用新事業展開支援事業（平成21～平成25年度）の認定を受け、リキュール等の国内外への販路開拓を実施。
2010年３月	イギリス・ロシアへリキュールの輸出開始。
2011年11月	英語版ホームページを開設。→バイヤーからの問い合わせがさらに増加。加えて、香港・シンガポールやフランスのバイヤーから引き合い。
2014年８月	スペインやフランスなどの展示会への出展を始める。→欧州に販路を持つ輸出商社から引き合い。

室町酒造株式会社のケース

【事業者概要】

売上高約1・9億円、従業員10人、資本金4000万円

主力商品：清酒、焼酎、リキュール

輸出先国：米国、イギリス、スペイン、シンガポール、香港等

岡山県赤磐市で酒造業を営んできた室町酒造株式会社は国内市場の縮小に不安感を抱き、海外展開を決めました。

雄町という原料米に特化した酒造りと、2005年にB・T・I（アメリカ／北米で最大の酒類コンテスト）にて第1位に輝いたことによるオファーがきっかけで、商品が持つ歴史と品質を評価する欧州やアジア圏等に同社の製品は広がっていきました。

さらに日本酒だけでなくリキュールも開発します。そして、英語版ホームページ開設を契機に、バイヤーからの問い合わせが増加しているところです。

経緯

2004年	海外の物産展への参加。
2006年	海外での営業活動を本格化。
2008年	香港への定期流通開始。
2009年	台湾・シンガポールでの商談会、展示会参加。
2010年	香港へ保税商品の展開。
2012年	香港へ飲料製品展開。
2014年	香港への直接輸出開始。
2015年	シンガポール・マレーシアへの展開開始。→これまでに140品目（定番品・催事品含む）を輸出。

沖縄ハム総合食品株式会社のケース

【事業者概要】
売上高75億円、従業員５００人、資本金２・７億円
主力商品：ハム・ソーセージ、レトルト、惣菜、飲料
輸出国：香港、台湾、シンガポール、マレーシア

沖縄ハム総合食品株式会社は沖縄県読谷村《よみたんそん》に拠点をおく食品等製造販売業者です。国内マーケットの将来に展望が開けなかったことから、海外市場の開拓に乗り出しました。具体的には、香港を中心とした展示会・商談会へ積極的に参加し、自社輸出の開始による取引品目の増加を図りました。

さらに畜肉加工品を中心に自社製造を実施します。得意先の要望に応じた商品作りも手掛けています。また、子会社の飲料工場も稼働するなど新たな分野へのチャレンジを続けているところです。

経緯

2005年	研究開発により製造したコンクリート検査機（クボ・ハンマー）の国内販売開始。
2011年	JETRO専門家のアドバイスが海外展開へ後押しとなったほか、英語版ホームページを立ち上げたところ、海外から問い合わせが急増。
2011年～	アメリカ、韓国、台湾、イギリスの展示会・商談会参加や、トルコ、フランスでもトップセールスを実施。 販売実績が増加し、現在、韓国、アメリカ、台湾をはじめ、中国、ナイジェリア、シンガポールの６カ国に販売店を設置。
2014年	JICA事業に採択され、ナイジェリアに社員を派遣して自社検査機を使用した点検技術を指導。

日東建設株式会社のケース

【事業者概要】
売上高8億円、従業員56人、資本金２０００万円
営業品目：土木建設業、非破壊検査装置の製造・販売
進出先国：アメリカ、韓国、台湾、ナイジェリア、シンガポール等

北海道雄《おう》武《む》町で土木建設業を行う日東建設株式会社は、公共事業の激減という課題に直面し海外展開を進めてきました。

世界各地の展示会・商談会に参加し、トップセールスを実施。英語版ホームページ開設やアメリカの検索エンジンでヒットするためのＳＥＯ対策を講じるなど数々の施策を展開し販売増加に努めてきました。

また、各国でインフラ老朽化が進むなか、コンクリート強度の非破壊検査装置も開発。同装置は強度を測定・解析できるうえ、小型で取扱いが簡単なため、コンクリート施設の老朽化を懸念する国内外から引き合いがあります。

経緯

2010年10月	国内市場が縮小傾向にあったため、海外への輸出を決断。英語版ホームページを開設。
2011年１月	メゾン・エ・オブジェ（フランス）に初めて出展（共同出展）。
2012年１月	メゾン・エ・オブジェに単独出展 。→その後、25年、26年出展。欧州の卸業者との契約に成功。
2012年８月	ニューヨークギフトショーに出展。→その後、2013年、2014年にも出展し、バイヤーからの知名度が向上。
2015年２月	アンビエンテ展示会（ドイツ）への出展を始める。→南米、中東の現地卸業者から引き合い。

八幡化成株式会社のケース

【事業者概要】

従業員21人、資本金１２００万円

主力商品：プラスチック製家庭用品、雑貨品

輸出先国：欧州、アメリカ、アジア各国含む約25カ国

岐阜県郡上《ぐじょう》市のプラスチック製品メーカーである八幡化成株式会社は、国内市場の縮小に危機感を覚え、海外マーケットに活路を求めました。

欧米を中心とした展示会・商談会への出展により、バイヤーとの繋がりを強化した結果、展示会出展の回を重ねる度に、バイヤーからの問い合わせが増加していきました。

最先端の加工技術と、自社独特のデザインが各国から注目され、ミュージアムショップやコンセプトショップ、百貨店などの有名チェーンストアとの契約に成功しています。

グローバル化のためにビジネスモデルを抜本的に見直す必要はない

国内マーケットが縮小するなかで、売上・利益を拡大するための突破口を海外市場に見いだそうとしている中小企業は少なくありません。そのなかには、すでに大きな成果を上げているところもあります。

また、それらのケースに関して注目すべきなのは、どの企業もグローバル化のために今までとまったく違うことを始めたわけではないということです。

もちろん、現地の人たちに合わせた何らかの工夫が必要になる場合はあります。たとえば食品であれば、「日本で販売するときよりも味を甘くする」「逆に少し辛くする」などの手直しが求められるかもしれません。

しかし、そうしたわずかな修正作業等は発生するとしても、グローバル化のためにビジネスモデルを抜本的に見直す必要はありません。

そのように考えると、実は海外進出のハードルはさほど高くないと感じられるのではないでしょうか。

巣ごもり文化における世界的な個々の日本文化の見直しの高まり

皮肉なことに日本経済が取り残されたＩＴツールとしてのインスタグラムやフェイスブックを通じて、日本文化への注目度がさらに高まっています。ただ、評価されているのは全体としての日本の文化ではなく、個々の特定の日本文化です。日本文化とそれ以外の外国の文化ということではなく、世界のなかの一部として日本文化でも面白いもの、注目すべきものについて、特定層の海外の人々のあいだで支持が高まり評価を得ているのです。

日本文化のなかで評価が高まっている個々の分野とは何なのかについては、極めて多様で独自のものとしかいえません。その独自性を、拙《つたな》くとも自ら英語のホームページを作成し、インスタグラム等のＳＮＳで発信していくことで評価してもらえるようにするのです。

文化交流の次の段階としては経済交流があります。経済分野としての企業の再生コンセプトも同じことで、自らの独自性の発信をいろいろと工夫し、専門家の助言を活用しながら、企業の事業基盤や特徴を理解してもらいます。そして、企業としての評価や価値の認識を高めながら、ファイナンス獲得や売上や収益の増加につなげていくことになります。

［第3章］

海外進出でV字回復を実現！
中小企業、起死回生の仕組みとは――

再生の戦略として海外市場が注目されている

20世紀末の金融危機以降、日本ではそれ以前には存在しなかった公的な企業再生の仕組み（再生のエコシステム）が着実に整えられてきました。

この再生のエコシステムを利用して企業が再生を遂げるプロセスでは、最終的な出口（ゴール）が求められることになります。

つまり、「会社を建て直すとしても、ではその後、どうやって売上・利益を伸ばし続けるのか」というストーリーが必要になります。

しかし、低成長が常態化した現在の日本では、中小企業がこの出口を見つけることが難しくなっています。

とりわけ内需依存型の企業は、人口減少により国内マーケットが縮むなかで、再生後の展望が開けなくなっています。

実際、私も地方の金融機関で企業再生を手掛ける担当者などから「出口が見えないので、再生を支援したくてもできないケースが増えている」という言葉を頻繁に耳にするようになりました。

一方で、こうした状況を打開するために、再生時の出口として海外市場に注目する動きが現れ始めています。

「国内で売上・利益を得ることが難しいのなら、海外で売上・利益を得ればいいのでは」という発想が企業再生の世界でも広がりを見せているのです。

窮境に陥った企業が、再生のエコシステムを活用しながら海外市場に進出する道が、今まさに開かれつつあるわけです。

このように現在の日本では再生の仕組みと海外進出を組み合わせて中小企業の復活を図る試みが行われようとしているところです。

そこで、企業再生のエコシステムが日本でどのように生まれたのか、またその中身はどのようなものなのか、その全体像を詳しく示していきます。

日本の再生マーケットは2000年代に成立した

日本に現在見られるような企業再生マーケットが成立したのは、2000年代初頭になります。

１９９０年代以降、日本はバブルの負の遺産である不良債権問題に悩まされ続けていました。その抜本的な解決を図るべく、当時、官民を挙げて企業再生の仕組みづくりが進められます。

２００１年４月に政府は緊急経済対策において、金融再生と産業再生を日本経済の最重要課題と位置づけます。それを受けて、日本政策投資銀行は事業再生ファンドへの出資をスタートし、全国銀行協会からは、いわゆるロンドン・アプローチをモデルとした「私的整理に関するガイドライン」が公表されました。

「私的整理に関するガイドライン」のモデルとなったロンドン・アプローチは、イングランド銀行が私的整理を支援するために１９９０年代初め頃までに形成したとされる、企業が深刻な金融的困難に陥った際の銀行および他の債権者への一般的なガイドラインであり、以下の４つの要素からなるとされています。

①銀行は、債務者企業が金融的困難にあるときに支援をする立場を続けなければならない。すなわち、銀行は融資を継続し、清算型法的整理の管財人を指名しない。

②債務者企業の将来にかかる決定は、全ての銀行およびワークアウト利害関係者間で共有される包括的情報にのみ基づいてなされなければならない。

③銀行は債務者企業への金融支援の是非およびその条件について合意に達するよう協同する。

④債権の優先順位は認めつつも、同一項目について全ての債権者を同等に扱う「痛み分け」の要素はあり得べき（内閣府「世界経済の潮流２００３年春」第Ⅰ部第２章第１節より）。

金融債権者たる銀行は抜け駆けをせず協調して債務者企業の再生にあたりましょうというものです。

さらに２００２年５月からは、整理回収機構の企業再生実務として金外信託スキームを活用した事業再生計画の策定がスタートしましたが、このときのデューデリジェンスから計画策定までの実務が、現在でもわが国の事業再生業務の進め方の原形となっています。

また、２００３年には産業再生機構が設立されます。同機構は、有用な経営資源を有しながら過大な債務を負っている事業者についてその事業の再生を支援することを目的としていました。

同じく2003年から、各都道府県に中小企業の事業再生をサポートする公的機関として中小企業再生支援協議会が立ち上げられます。

こうした国の動きと前後して、国内独立系、国内銀行系、国内証券系、外資系などさまざまなバックグラウンドをもつ企業再生ファンドが続々と登場しました。

この「事業再生黎明期」の事業再生の事例としては左ページの表のようなものが挙げられます。

[図表4] 産業再生機構による支援決定企業の概要

企業名	業種	借入金総額	金融支援額	最終スポンサー
ダイエー 他11社	総合スーパー事業他	16,383.54億円(2004年2月)連結	4,050億円(ほかに優先株式償却1,920億円相当)	丸紅、アドバンテッジパートナーズ
大京 他5社	マンション分譲事業、マンション管理事業、不動産仲介事業	4,378億円:(株)大京(2004年3月)	約1,765億円(DES含む)(ほかに優先株式償却300億円相当)	オリックス
三井鉱山 他3社	エネルギー関連事業、セメント建材事業、機械関連事業、その他事業	3,040.85億円(2003年3月)(4社合計、再支援決定時)	1,658億円	新日本製鉄、住友商事、大和証券SMBCプリンシパルインベストメンツ
ミサワホームホールディングス 他30社	住宅事業、リフォーム事業他	2,963.2億円(2004年3月)	1,400億円(ほかに優先株式償却1,080億円相当)	トヨタ自動車、野村プリンシパルファイナンス
ダイア建設	マンション分譲販売・管理・賃貸業、ファイナンス事業、ホテル事業、リフォーム事業等	1,939.5億円(2003年3月末)	1,327億円(DES含む)	レオパレス21

翁 百合著『金融危機とプルーデンス政策 金融システム・企業の再生に向けて』(日本経済新聞出版)中の表をもとに作成

窮境に陥った企業の選択肢には私的整理と法的整理がある

以上のように、日本に再生マーケットが形づくられてきた１９９０年代から２０００年代にかけて、私自身も、海外投資失敗による過剰債務が原因で窮境に陥ったスポーツ用品製造販売会社や建設コンサルタント会社などの中型から大型までの再生案件をいくつも手掛けました。

まだ今のように制度が十分に固まっていない状況でしたので、試行錯誤しつつ、文字どおり手探りで進みながら、債権者である金融機関と債務者である事業者双方にとって理想的といえる解決策を見いだそうと必死だったのを覚えています。

その頃から10数年の時が流れた現在、日本には多様な再生の仕組みが公的な形で存在しており、それを利用して大企業のみならず多くの中小企業が、毎年のように再生の軌道に乗ることができています。

以下では、企業経営者が現状で取り得る再生の方法や関係機関等について網羅的に説明します。

［図表5］企業の選択肢の図（主な再生・倒産手続）

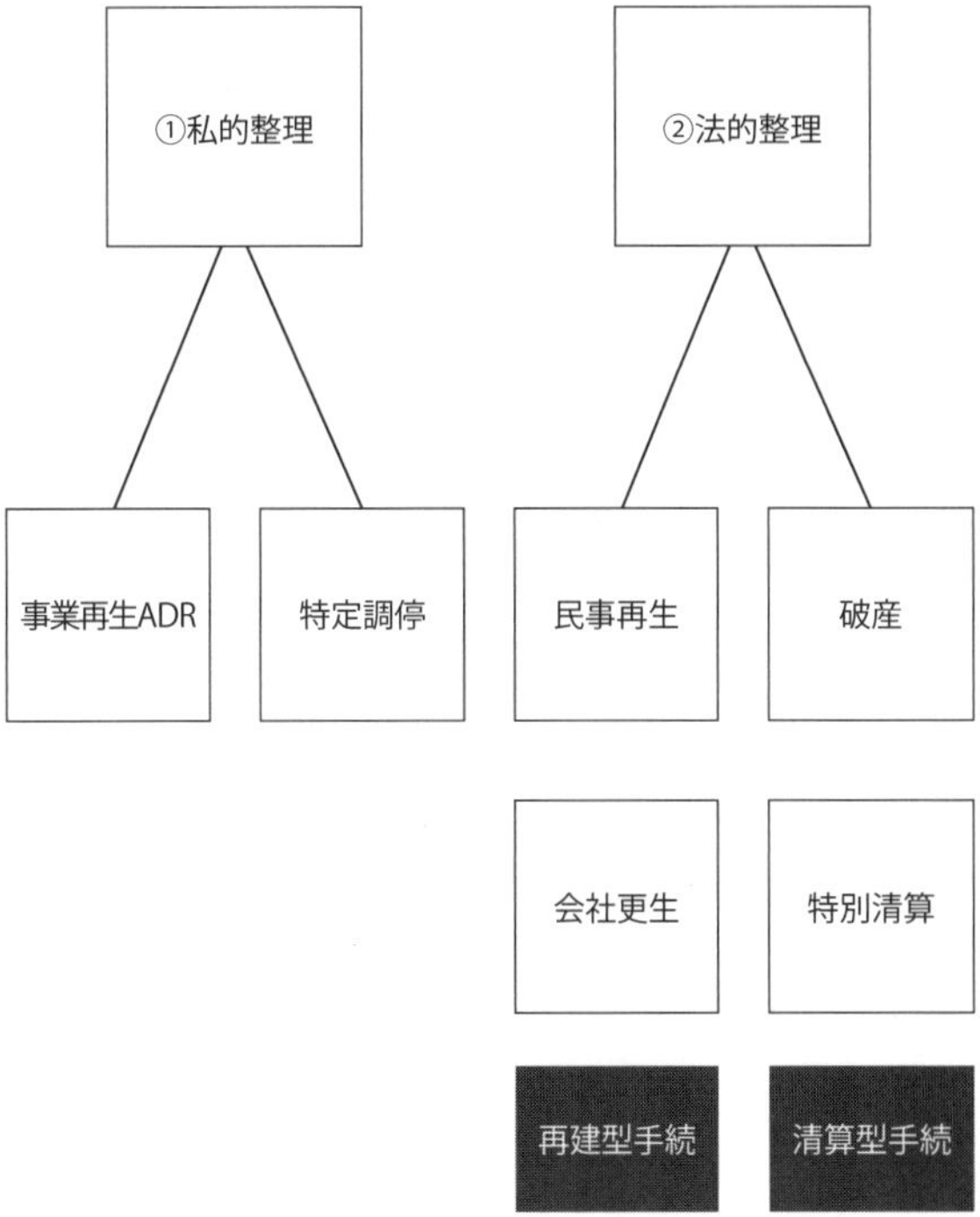

まずは、過剰債務を抱えた企業が問題を抜本的に解決するための選択肢（再生・倒産手続）です。

そもそも、この再生・倒産手続の仕組みとしては、大きく、①私的整理と②法的整理の2つが挙げられます。さらに、それぞれについて71ページの図のような種類があります。

これらすべての手続の概略について順番に取り上げます。

私的整理の仕組みとしては事業再生ADRと特定調停が活用されている

私的整理は、関係当事者の合意により債務を整理していく手続であり、「任意整理」とも呼ばれます。法的整理とは異なり、手続に関して法律によって定められた一定の方式はありません。

事業再生の場面では、一般的な仕組みとしては、後述する公的な再生機関以外にも、事業再生ADRと特定調停が活用されています。

まず、事業再生ADRは少し大きめの企業の早期事業再生を支援するため、中立な専門家が、金融機関等の債権者と債務者との間の調整を実施するものです。ADR

（Alternative Dispute Resolution）は、「裁判外紛争解決手続」の略称を意味します。

その手続の流れは、次のような形になっています。

①債務者が特定認証紛争解決事業者に事業再生ＡＤＲ制度の利用を申請、受理

←

②認証紛争解決事業者が債務者と連名で債権者に対し、一時停止の通知を発出

←

③事業再生計画案の概要の説明のための債権者会議を開催

←

④事業再生計画案の協議のための債権者会議を開催

←

⑤事業再生計画案の決議のための債権者会議を開催

最後の⑤事業再生計画案の決議のための債権者会議で全員の同意が得られれば私的整理

が成立しますが、一人でも不同意であれば法的整理に移行します。

一方、特定調停は、裁判所による調停のもと、支払い不能に陥る恐れのある債務者等が負っている金銭債務に関する利害関係の調整を行う制度です。

通常は、裁判官（調停主任）1人に加え、法律、税務、金融、企業財務、資産評価等の専門家（民事調停委員）2人以上で組織される調停委員会が調停にあたりますが、裁判所が相当と認めるときは、裁判官のみで調停を行うことができます。

事業再生ADRを利用した債務者企業が特定調停の申し立てをした場合には、裁判所は事業再生ADRの手続において資産評定等が実施済みであることなどを考慮したうえで、「裁判官のみで調停を行うことが相当か」を判断します。

このように、事業再生ADRは特定調停とセットで用いられることが想定されたつくりになっています。

特定調停は、事業再生ADR以外にも、後述の第二会社方式、債務の劣後化、再生ファンドによる投資などとの組み合わせによって私的整理のなかで幅広く活用されています。

さらに特定調停は、法的整理も含む諸々の再生作業のなかで発生した経営者の連帯保証債務についても、「経営者保証に関するガイドライン」に従って処理するための仕組みとして注目されています。

法的な再建型手続には民事再生と会社更生がある

法的整理は、法律のルールに従って裁判所の関与のもとに行われる債務整理を目的とした手続であり、主なものとしては、再建型手続である①民事再生と②会社更生、清算型手続である③破産、④特別清算の４つが挙げられます。

まず、①民事再生とは、１９９９年に制定された民事再生法に基づいて行われる事業再生手続です。

経済的な苦境に陥った法人が、自ら再生計画案を立てて、それに対して債権者の多数が同意し、裁判所もその計画案を認めることにより、事業の再建が図られることになります。

債務者企業は事業を継続しつつ、再生計画に基づいて返済を行ったり、あるいは残りの債務の免除を受けることになります。

一方、②会社更生とは、１９５２年に制定された会社更生法（２００３年に全部改正が施行されています）に基づいて行われる債務整理手続であり、民事再生と同じく事業の継続を前提にその再建を目指します。２０１８年から２０２１年までに、日本海洋掘削（石油・天然ガス開発の海洋掘削事業者）、ヤマニシ（東北最大規模の造船会社）とF-Power（新電力の大手電気事業者）の3社が会社更生法の適用を受けています。

このように、民事再生と会社更生はいずれも会社の建て直しを目的とするという点で共通していますが、民事再生は主として中小企業の利用を想定し、会社更生は大企業の利用を前提としています。

また、そのほかにも会社更生には以下のような特徴が挙げられます。

①対象が株式会社に限られる

②経営者が基本的に退陣する

③担保権はすべて再建手続内に取り込まれて処理され手続外で行使することはできない

清算型手続には破産と特別清算がある

次に、清算型手続について確認すると、まず③破産は、裁判所によって破産手続の開始が決定されたあとに、選任された破産管財人が債務者の財産を金銭に換えたうえで債権者に配当する手続です（債務者の財産が極めて少ない場合には，破産管財人が選任されないまま手続が終了することもあります）。

破産手続開始の決定は法人の解散事由であることから、破産の手続が終了することによって企業の法人格は消滅することになります。

なお、破産手続について定めた法律として破産法があります（旧破産法に代わって現行破産法が施行されたのは２００５年）。

一方、④特別清算とは、株式会社が解散決議を経て通常の清算手続を行っている過程で、債務超過の疑いのある場合に、債権者などの申し立てにより裁判所の監督のもとに行われる特別な清算手続です。手続の要件や細目的事項などに関しては会社法と会社非訟事件等手続規則のなかで規定されています。

再生エコシステムを活用して多くの企業が再生を遂げている

①民事再生、②会社更生、③破産、④特別清算が実際にどれだけ行われているのか、帝国データバンクが２０２０年における負債１０００万円以上の法的整理に関する集計をまとめたデータがあります。

それによれば、これら４つの法的整理の件数と構成比は以下のとおりです。

	（件数）	（構成比）
①民事再生	２７４件	３・５％
②会社更生	３件	０・04％
③破産	７２１２件	92・４％
④特別清算	３２０件	４・１％

こうした私的整理もしくは法的整理の方法を活用しながら、窮境に陥った企業は自社の

再生に取り組むことになります。

そして、再生の理想的なゴールは、金融機関と債務に関する協議が成立し、さらにはスポンサーとなる投資家や企業を見つけて、その協力のもとで業績を回復し、さらには売上・利益を伸ばしていくことです。

実際、再生の仕組み（再生エコシステム）を活用して、これまで多くの中小企業がスポンサーを見つけ再生を果たし、Ｖ字回復を実現してきました。

そして現在、この再生エコシステムを活用して海外に進出する選択肢が広く検討されています。

具体的には、海外の投資家・企業から資金を得て、さらにはそのサポートのもとで海外市場を開拓する試みが行われようとしているのです。

私的再生の公的な担い手としての中小企業再生支援協議会など
さまざまなサポート機関がある

企業の再生支援を目的として、これまでさまざまな公的機関が立ち上げられてきました。

そのなかには目的を終えてすでになくなったものもありますが、現在、存在する主な支援機関としては、中小企業再生支援協議会、地域経済活性化支援機構、整理回収機構、東日本大震災事業者再生支援機構が挙げられます。

まず、中小企業再生支援協議会は、借入金返済等の課題を抱えた中小企業の経営再建に向けた取り組みを支援する国の公的機関です。47都道府県の商工会議所や産業振興センターなどに設置されており、たとえば東京都では東京商工会議所が受託し、運営も行っています。

また、中小企業再生支援協議会による再生支援の取組みは、おおまかに見ると以下のような二段階の流れとなっています。

〈第1次段階〉窓口相談

・面談や提出資料の分析を通して経営上の問題点や具体的な課題を抽出。
・課題の解決に向けて適切なアドバイスを行う。

（第2次段階）再生計画策定支援

協議会が再生計画の策定支援が適当であると判断した場合、公認会計士、税理士、中小企業診断士等のアドバイザーチームの専門家が選任され、次のような①から④のプロセスで再生計画の策定が進められる。

①企業概要把握

財務精査・事業精査（デューデリジェンス）を行う。

②事業計画策定

事業計画の策定は協議会の支援を受けながら企業自らが行う。公認会計士・税理士等が数値を検証する。

③金融支援策策定

再生手法等を検討し、債権者と支援内容を協議する。

④再生計画策定

事業計画に金融支援策を織り込んで再生計画を策定。協議会が再生計画調査報告書をとりまとめる。

中小企業再生支援協議会は83ページのグラフに示されているように、これまで数多くの再生案件を手掛けてきました。おそらく、企業経営者が実際に再生エコシステムを利用する場合にも、そのサポートを受けることが少なくないはずです。都道府県ごとに設置されている中小企業再生支援協議会の実務は、会社に対するスタンス、専門家の使い方、金融機関へのスタンス、事業評価の手法等について、各都道府県によって実務運用に差異が見られますが、中小機構が、産業競争力強化法の指針に基づき設置した中小企業再生支援全国本部が、全国の中小企業再生支援協議会の総本部として支援の品質を管理し、実務の標準化、適正化についてのお目付け役の機能を担っています。

さらに中小機構は、国の補助事業として経営改善支援センター全国本部を設置し、各都道府県の認定経営革新等支援機関に経営改善支援センター業務を委託し、中小企業再生支援全国本部と連携して中小企業再生を支援しています。認定経営革新等支援機関は、各地の金融機関、税理士、公認会計士、財務コンサルタント会社等が経済産業省経済済産業局

［図表６］ 窓口相談件数と再生計画・特例リスケ計画策定支援完了件数の推移

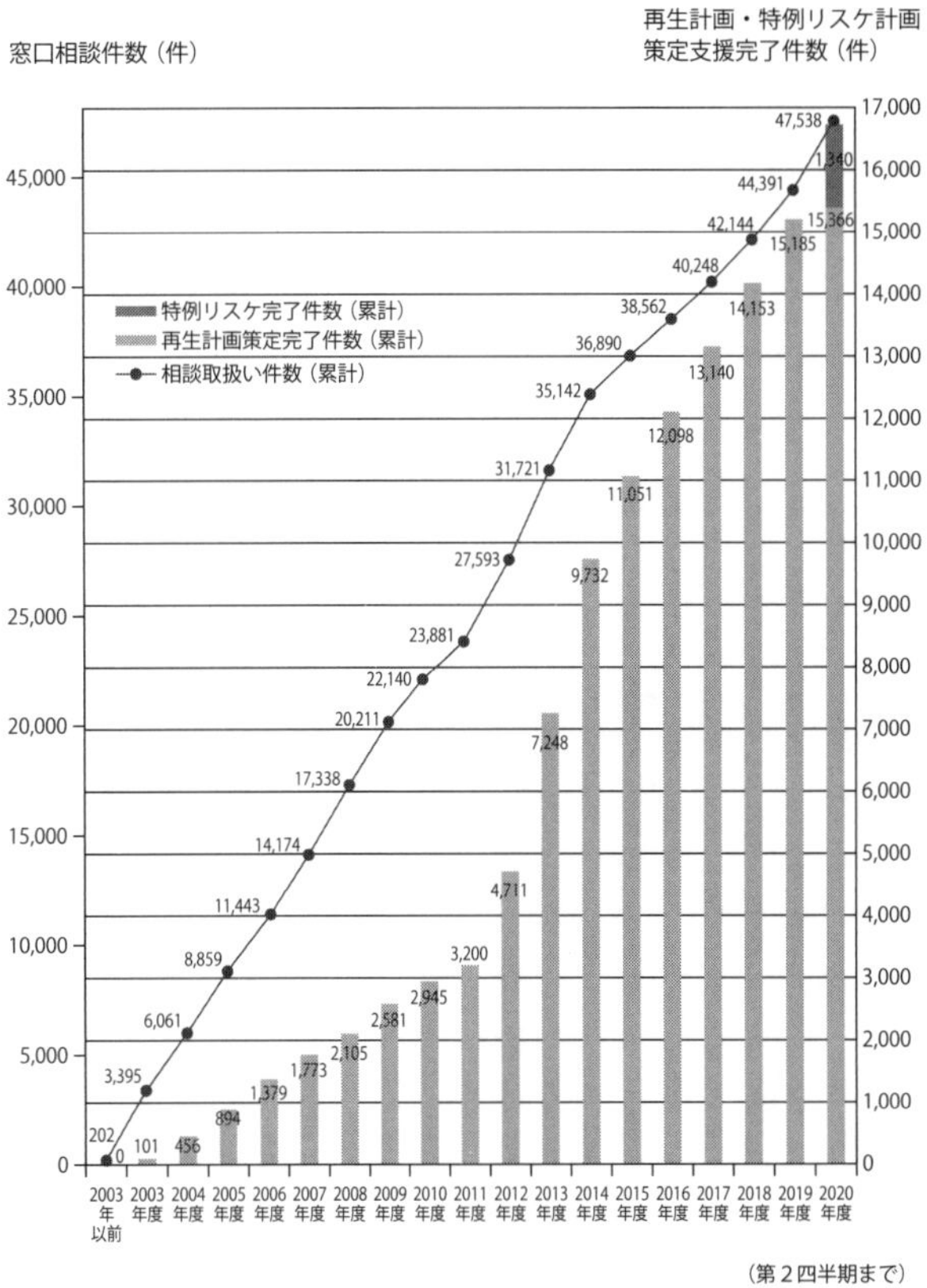

中小企業庁「中小企業再生支援協議会の活動状況について
～令和２年度第２四半期～（令和２年７月～９月）」より

に申請し認定を受け支援機関となったものです。

地域経済活性化支援機構の前身は日本航空を再建したことで知られている

地域経済活性化支援機構（ＲＥＶＩＣ　Regional Economy Vitalization Corporation of Japan）は、地域経済の再建を図るために、企業の再建を支援することを目的とした半官半民の株式会社です。前身は、２００９年10月に設立された企業再生支援機構（ＥＴＩＣ　Enterprise Turnaround Initiative Corporation of Japan）です。このＥＴＩＣは経営破綻した日本航空が２０１０年に会社更生法の適用を受けた際に、その管財人を務めたことで知られています。

ＲＥＶＩＣの主な業務としては以下の６つがあげられます。

①特定専門家派遣業務

地域経済活性化や事業再生の担い手である金融機関等やその支援・投資先である事業者に対し、専門的なノウハウをもった人材を派遣する。

②活性化ファンド業務

地域の経済成長を牽引する事業者を支援するため、金融機関等と共同して、地域活性化ファンドの運営を行う。

③ファンド出資業務（特定組合出資）

地域活性化ファンドや事業再生ファンドに対し、LP（有限責任組合員）として出資を行う。

④再チャレンジ支援業務（特定支援）

経営者保証の付いた貸付債権等をREVICが金融機関等から買い取り、事業者のすべての金融債務の整理と「経営者保証に関するガイドライン」に沿った経営者個人の保証債務の整理を一体で行う。

⑤事業再生支援業務

有用な経営資源を有しながら過大な債務を負っている事業者について、事業再生計画に基づき、過大な債務の削減等を通じた財務の再構築や事業内容の見直しによる十分な事業利益の確保により、競争力の回復と事業再生を支援する。

⑥事業再生ファンド業務

事業再生ファンドの運営を通じて、窮境にある事業者に対する貸付債権を金融機関から買い取るほか、再生に必要な新たな資金を社債や融資の形で提供する。

なお、ＲＥＶＩＣは２０２３年の解散を予定されていましたが、近時の法改正で支援・出資決定期限は２０２６年３月末まで、業務完了期限は２０３１年３月末まで延長される措置がとられました。

整理回収機構も企業の再生を手掛けている

整理回収機構（ＲＣＣ　The Resolution and Collection Corporation）は１９９９年に預金保険機構の１００％出資子会社として設立された株式会社です。

旧住宅専門金融機関から営業を譲り受けて債権回収を行ってきた「住宅金融債権管理機構」と破綻した金融機関の営業譲渡や不良債権の買い取り業務を手掛けていた「整理回収銀行」が合併して誕生しました。

このような設立の由来から、ＲＣＣの業務は、当初、債権の回収や不良債権の買い取りが中心となっていました。しかし、２００２年の改正金融再生法施行等を契機としてその機能や役割を企業再生の場面にまで広げ、公的機関としては最初の事業再生の担い手として、一連の再生実務の流れをつくり上げていきました。

具体的には、債権者としての立場から再生計画の策定を行うほか、他の金融機関からも持ち込まれた再生案件についても、信託機能を活用して再生支援を行っています。

また、ＲＣＣが再生可能かどうかを判断するにあたっては、以下のような判断基準が用いられています。

①再生の対象となる事業に存続価値があること
②事業者が弁済について誠意ある姿勢を示しており、自らの財産の状況を誠実に開示していること
③債権者にとって、事業の再生を行うことに経済合理性があること

こうした企業再生の対象、手続、再生計画案の要件等に関する事項は、「ＲＣＣ企業再生スキーム」と題した文書の中にまとめられています。

天災でダメージを受けたときに支援してくれる公的機関もある

東日本大震災事業者再生支援機構は、東日本大震災の被害により過大な債務を負うことになった事業者の支援を目的として、被災企業向けの債権を金融機関から買い取って再建を後押しする組織であり、２０１２年に設立されました。

同機構の支援決定期間はすでに終わっていますが（２０２１年３月31日まで）、今後、東日本大震災に匹敵するような天災が起こった場合には、同様の支援機関が立ち上げられる可能性は十分にあります。

特に、南海トラフ地震と首都直下型地震は、近い将来に発生することが予測されているので、こうした支援機関のサポートを受けられる可能性があることを知っておくのは企業経営者として大切です。

ちなみに、令和３年２月末の時点における東日本大震災事業者再生支援機構による支援決定等の状況は下記のようになっています。

①累計の相談受付件数　２９３９件

※岩手県５３１件、宮城県１２８２件、福島県４８５件、青森県１６２件、茨城県２９５件、千葉県１１１件、栃木県45件、その他地域28件　（注）複数回の相談受付（支援決定後の事業相談等）については、初回相談のみ1件としてカウント。

②累計の支援決定件数　７４５件

③買取対象債権の元本総額等

⑴買取対象債権の元本総額　１３２５億円

⑵債務免除の総額　６６３億円

⑶出資額　43億円

⑷累計の支援完了件数　１９３件

※岩手県45件、宮城県66件、福島県35件、青森県30件、茨城県9件、千葉県3件、栃木県3件、その他地域2件

専門家のサポートを受けるときには経営改善支援センターが費用を負担してくれる

企業の再生を支援する公的な機関としては、ほかに、中小機構によって各都道府県に設置された前述の経営改善支援センターも挙げられます。

経営に問題を抱えた中小企業が、金融機関から何らかの金融支援を受けようとするときに経営改善計画等の策定・提出を求められることがあります。

経営改善計画を策定するうえでは、通常、公認会計士・税理士・中小企業診断士などの専門家によるサポートが必要となりますが、資金繰りに余裕のない中小企業にとって、それらの専門家に支払う費用は大きな負担になります。

経営改善支援センターは、そうした中小企業の金銭的負担を軽減することを目的として創設されました。

すなわち、所定の要件を満たせば、中小企業が専門家へ支払う経営改善計画策定等にかかる費用の一部が、経営改善支援センターを通じて支払われる仕組みとなっています（経営改善計画のサポートを受ける専門家が中小企業経営力強化支援法に基づき国の認定を受けた認定支援機関であることが必要)。

支払われる額は、計画策定費用の3分の2で、上限は200万円です。

公認会計士、弁護士、中小企業診断士ら再生のプロが手助けする

再生エコシステムには、公的支援機関のほかに、公認会計士や税理士、弁護士、中小企業診断士などの財務や税務、法務、ビジネスの専門家も関わってきます。

これらの専門家が事業再生に関与するきっかけはさまざまに考えられますが、一般的には中小企業再生支援協議会や地域経済活性化支援機構などの公的機関あるいは地銀や信金等の金融機関からの依頼を受けて、再生対象となる企業の事業計画の策定やモニタリングなどの業務に取り組みます。

また、こうした再生のプロたちのなかには、「経営革新等支援機関」が認めた資格をもっている者もいます。

経営革新等支援機関とは、中小企業が経営相談等をする相談先として、税務や金融、財務等に関する専門的知識や実務経験が一定レベル以上の者に対し、国が認定した機関です。

つまり、経営革新等支援機関として認定された専門家はその能力に関して国からお墨付きを得ているわけであり、企業経営者は相応の安心感や信頼感をもって相談できるといえます（なお、経営革新等支援機関は「認定支援機関」と略されることもあります）。

さらに、海外スポンサー候補や日本でビジネスを展開する外国企業に、英語での支援が可能な専門家を紹介するために金融庁が設置したサイトInternational Financial Center Japanにおいて「外国語対応可能な士業のリスト」が日英両言語で公開されています。

リスケジュール、DDS、DESなど多彩な再生の手法がある

支援機関や専門家たちが、実際に経営立て直しを手掛ける際には、企業が抱える債務の負担を軽減し再生をスムーズに進めることなどを目的として、さまざまな再生手法が用いられることになります。

なかでも、よく活用されているのは、①リスケジュール、②DDS、③DES、④第二会社方式です。

①リスケジュールとは、業績の悪化等により債務の返済が困難になった債務者に対して、

債権者が債権の条件変更を行い、元本あるいは利息の支払期限の繰り延べを行うことです。債務の返済条件が、一定期間、緩和される間に、企業が経営改善に取り組むことで、事業性・財務体質の改善を図ることが可能となります。

②DDS（Debt Debt Swap デット・デット・スワップ）とは、債権者が既存の債権を別の条件の債権に転換することをいいます。金融機関が既存の貸出債権を他の一般債権よりも返済順位の低い劣後ローンに切り替えるのが一般的です。

DDSの結果、元本の返済が一定期間猶予されることになるため、キャッシュフローの改善につながることが期待できます。

③DES（Debt Equity Swap デット・エクイティ・スワップ）とは、債務の株式化を行うこと、つまり負債（Debt デット）を資本（Equity エクイティ）に交換（Swap スワップ）することです。

DESの具体的な方法として通常は、金融機関が債権の一部を現物出資することにより株式を取得する形がとられます。

第二会社方式ではグッドとバッドを切り分ける

④第二会社方式とは、財務内容が悪化した企業のなかから収益性ある事業の全部または一部分を会社分割や事業譲渡の方法で切り分け、別会社である新設会社または既存会社（第二会社）に承継させたあと、不採算事業や債務が残った旧会社・分割会社を特別清算等を用いて整理する再生手法です。

そのプロセスは、まず、会社の事業・組織を「グッド（良い）」と「バッド（悪い）」に分けます。それから、グッドの部分だけ切り出して、新しい会社を立ち上げます。そして、残った「バッド」については整理してたたみます。その結果として、従前の債務のほとんどが「バッド」とともに消滅してしまうわけです。

また、「グッド」のほうがさらに別の会社に売却されるケースもあります。

第4章

成功の鍵は海外パートナーにあり
グローバル市場を切り開くパートナーシップの築き方

“日本ブーム”を背景に日本企業への注目度は高まっている

実は、中小企業がグローバル市場を開拓するという観点からは、今の時代はまさに絶好のチャンスが訪れているといえます。

和食やアニメ・漫画、１９７０年代から１９８０年代にかけて作られたシティ・ポップミュージックなど日本の食や文化、さらには日本人の生活や美意識等に対する国際的な関心がかつてないほど大きくなっているのです。

ちなみに電通が世界20カ国・地域を対象に親日度や訪日旅行意向、日本産品に対する興味やイメージなどに関するデータを収集した「ジャパンブランド調査２０１９」によれば、「行きたい旅行先」のトップは日本でした。

訪日意向を国別で見ると、香港が98・３％と最も多く、次いでインドネシア95・３％、フィリピン93・３％とアジア各国が上位を占めています。前年からの伸びでみると、イタリアが前年比で10ポイントプラス、ドイツが７・７ポイントプラス、フランスが５・４ポイントプラス、ロシアが５・３ポイントプラス、イギリスが４・３ポイントプラスと欧州

［図表7］2019年フューチャー・ブランド・インデックス
（Future Brand Country Index）

1位	日本	11位	ニュージーランド
2位	ノルウェー	12位	アメリカ
3位	スイス	13位	オランダ
4位	スウェーデン	14位	イタリア
5位	フィンランド	15位	オーストラリア
6位	ドイツ	16位	アラブ首長国連邦
7位	デンマーク	17位	フランス
8位	カナダ	18位	シンガポール
9位	オーストリア	19位	イギリス
10位	ルクセンブルク	20位	韓国

エリアの伸びが顕著でした。

また、97ページの表に示されているように、アメリカ調査会社「フューチャー・ブランド」の国別ブランド評価では、日本のブランド力が世界第1位となっています。

この傾向は、パンデミックだからこそ、さらに強くなっており、自宅で過ごす「巣ごもり文化」での日本文化の見直し環境では、日本独自の「カラオケ」「パチンコ」「アニメ」以外のエリアにもますます興味が高まりつつあります。

日本ブームの背景にはビジット・ジャパン・キャンペーンの成功がある

このように日本という国に対する関心が近年、急速に高まっている背景・理由としては、２０００年代初頭から国土交通省が中心となって展開している訪日外国人旅行の促進キャンペーン「ビジット・ジャパン・キャンペーン」の効果が挙げられるでしょう。

99ページのグラフは、同キャンペーンがスタートした２００３年以降の訪日外国人数の推移を、総数とアジアからの人数、それぞれを並べて示したものです。

２００３年に約５２１万人だった訪日外国人数は、２０１０年には約８６１万、２０１７

［図表8］ 訪日外国人数の推移（総数とアジア）

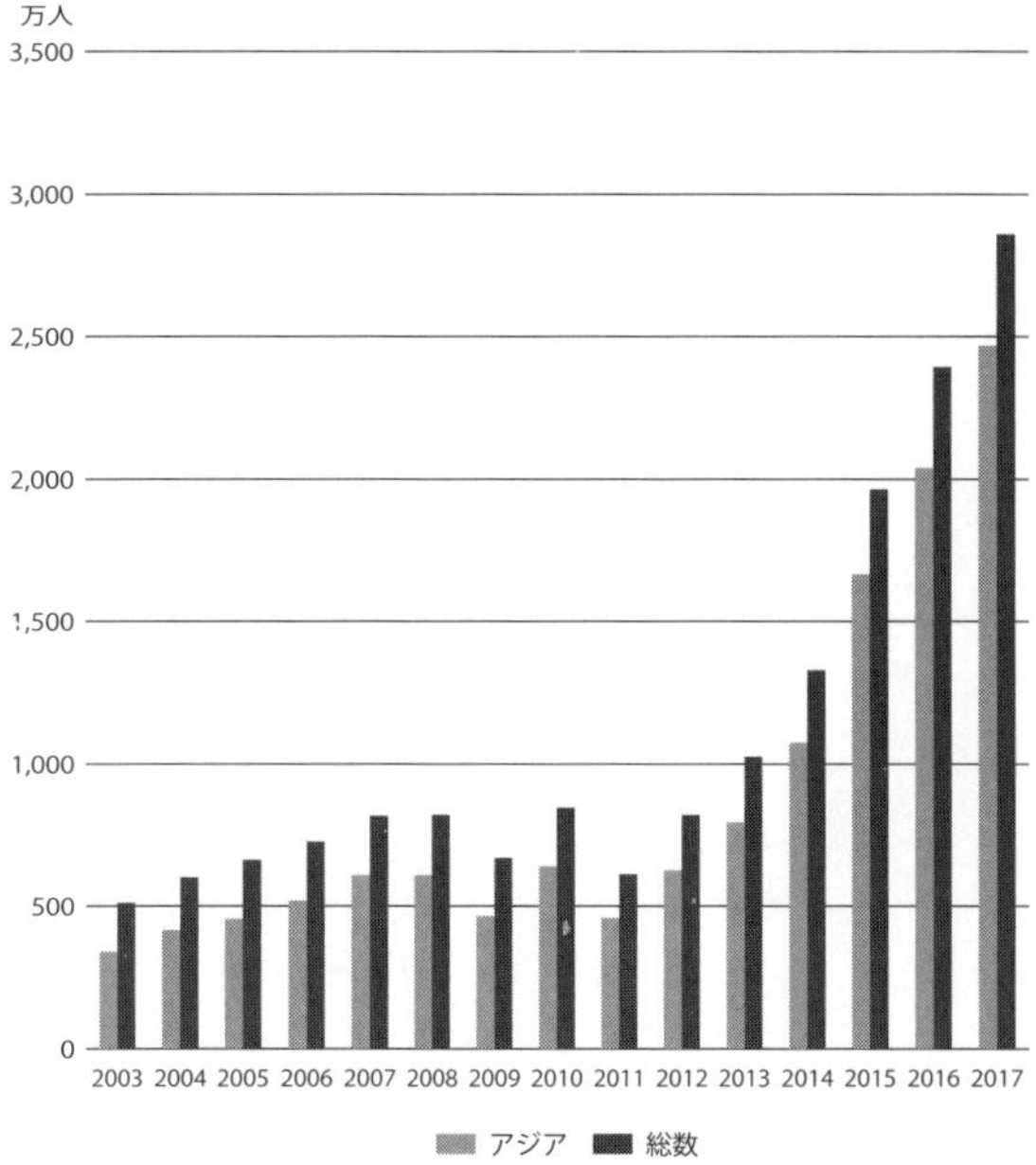

宮島良明著「インバウンドブームと北海道観光――
訪日外国人観光客急増の背景と今後の課題――」（開発論集〈103〉）より引用

年には約2869万人に達しました。増加のペースを比較すると、2003年から2010年の8年間は約1・7倍の伸びにとどまっていたのに対して、2010年から2017年の8年間はその2倍近くとなっています。

ビジット・ジャパン・キャンペーンがこうした成果を上げた結果として、訪日した海外の多くの人たちが日本の魅力について知る機会を得ました。そして、そのなかにはSNS等で日本の風景や風物の写真を発信する人も少なくありません。それを目にした欧米やアジアなどの人たちが新たに日本に興味を抱いて、「自分も日本に行きたい！」「日本についてもっと知りたい！」となる好循環が生まれているのです。

このような「観光」を契機として、次に「文化」そのものへの興味となり、さらには「ビジネス」へと深化していきます。

コロナ禍でも日本に対する関心は失われていない

コロナ禍でも、日本に対する関心は失われていません。それを象徴するのが全世界的な『鬼滅の刃』ブームです。『鬼滅の刃』は、鬼に家族を殺された少年が、鬼となった妹を救うために剣技を磨き、襲いかかってくる鬼たちと戦う物語で、少年誌「週刊少年ジャンプ」（集英社）に連載されていました。

２０２０年、２０２１年にコミック、映画とも爆発的なヒットを記録して大きな話題を呼んだのは記憶に新しいところです。

同作品は、アメリカ、台湾、香港、シンガポール、ベトナムなど海外でも相次いで上映され、２０２０年12月時点で全世界興行収入は３２０億円に達しています。

米メディアでも「今年最高の物語」「圧倒的な成功」と称賛されたと報じられています（ENCOUNT編集部『鬼滅の刃』20年世界興行収入3位の偉業　米メディア称賛「今年最高の物語」より）。

海外からの日本への投資が拡大している

このように日本への注目度が高まっているのと軌を一《いっ》にするかのように、海外投資家の日本に対する投資も拡大しています。

たとえば、２０２０年8月30日付の日本経済新聞では、近年、日本企業が海外投資家から株式による資金調達を増やしている実情が明らかにされています。

それによれば、２０２０年1~8月の調達額に占める海外比率は約7割と前年同期の3割から急上昇し、２０１０年以降で最高となりました。

また、調査会社ディールロジックによると、1~8月の海外投資家からの資金調達額（公募増資や売り出しなど）は約65億ドル（約６８００億円）と前年同期から約8割増えています。

このように海外から資金を呼び込む動きが日本企業の間で活発化している背景として、日本経済新聞の記事では米バンク・オブ・アメリカ日本法人の長田州之介・資本市場部門長によって次のような指摘がなされています。

・株式の販売は対象の国・地域でルールが異なり、日本は比較的厳しい。
・国内は個人が主なリスクマネーの供給元で、投資家保護のための目論見書作成など手間がかかる。
・海外は早ければ発行を決めて数日内に調達できる。投資を即断できる機関投資家も多い。

・国内ではコロナ禍で大手証券会社が対面営業を自粛し、株式販売が難しくなった。海外は機関投資家にテレワークが浸透しスムーズに執行できた。

中小企業であっても海外からの投資を得られる可能性が高まっている

海外の投資家が投資対象としているのは大手企業だけではありません。まだ生まれたばかりのスタートアップ企業に対する投資も活発化しているのです。２０２１年3月30日付の日本経済新聞では、「スタートアップに海外マネー流入　ペイディ、１３０億円調達」というタイトルで、海外投資家が国内スタートアップへの投資を加速させている状況が伝えられています。

それによれば、近年だけでも国内新興企業に対して以下のような投資がなされています（上から社名〈事業内容〉、調達額、主な投資家または海外比率）。

【未上場の資金調達】

ヘイ〈ECサイト開設支援〉　約70億円　ベインキャピタル（米）

アンドパッド〈施工管理アプリ〉　約20億円　セコイア・キャピタル（米）
ペイディ〈後払い決済〉　約１３０億円　ウェリントン・マネジメント（米）

［IPO時の資金調達］

フリー〈クラウド会計ソフト〉　約３７１億円　70％
プレイド〈消費者行動の分析ソフト〉　約２４１億円　78％
ヤプリ〈アプリ開発プラットフォーム〉　約１７６億円　50％
ココナラ〈スキル共有サービス〉　約１６７億円　56％

（注）アンドパッドの調達額は国内投資家も含む。市場吸収額の海外比率は、海外での公募・売り出し枚数（オーバーアロットメント含む）で割って算出

ベンチャー企業への海外からの投資が活発化しているこのような現状を見ても、きちんと情報を発信しさえすれば、地方の中小企業が海外からの投資を集められる可能性は以前

に比べて格段に高まっているといえます。

海外スポンサーと対等な関係でパートナーシップを結ぶ

では、海外の投資家を、つまりは自社のために資金を提供してくれるスポンサーを得るためには、どのような点を意識しておくべきなのでしょうか。

まず、スポンサーを選ぶ過程では、同業者なのか川上・川下の事業者なのか、具体的なスポンサー候補を網羅的に検討し、絞り込んだうえで、実際に接触し、交渉していくことになります。こうしたプロセスでは、当然ながら現地の言葉や英語・日本語を駆使して、スポンサー候補との間で正確に意思の疎通を図ることが重要です。

さらに言語のみならず、双方の文化的・経済的な目線合わせも必要になります。

また、海外の投資家や企業から資金を呼び込むためには、対等なビジネスパートナーとしての視点が求められます。

つまり、日本から見た海外と、海外から見た日本の両側面を対等に考えることが重要になります。日本への投資の合理性を相手にも納得させ、互いがメリットを享受する視点が欠けるとスムーズな交渉が難しくなる恐れがあります。

それから、交渉の際には、スポンサー側のメリットを十分に分析し、目標となる資金額をできるだけ現実的に把握したうえで交渉に臨むことが必要です。

そうした交渉を適切な形で進めるためには、

・現地および日本で信頼に足るレベルの分析能力をもつ
・双方向の実務を理解している
・現地の言語あるいは英語での実務能力がある

などの資質・能力を備えた専門家のサポートを得ることが望ましいでしょう。

海外進出先は慎重に吟味する必要がある

スポンサー候補になり得る投資家・企業の属する国・エリアは欧米やアジアなどさまざまな地域が選択肢となります。政治的・軍事的な観点から避けることが望ましい国もありますが、そうした例外を除けば、出資をしてくれるのであれば、基本的にどこの国・エリアの投資家・企業でも構わないでしょう。

一方、進出する市場対象として考えた場合には、それに適した環境・条件を備えているかを吟味することが必要です。

具体的には、法制度がしっかりと整備されていて、何かトラブルがあっても適正な裁判を受けられる、当然のように英語が通じる、会計士や弁護士などの財務や契約等をサポートしてもらえるプロフェッショナルも存在する、等々日本と同様のレベルでビジネスが可能な国であることが求められます。

英語については、共通言語としての英語が通じることが、双方向でのグローバル化には不可欠ですが、この部分は当面、実務と英語の両方をカバーしている専門家にまかせることでなんら問題はありません。

次のページからは、そうした観点から進出先としてお勧めできる国や地域を具体的に挙げておきます。

第一のお勧めはEU諸国とアメリカ、イギリス

まずEU諸国は、日本と同様のレベルまで工業化が進んでいます。自動車などの部品や素材などが共通しているため、日本の中小企業がサプライヤーとしての役割を果たせる可能性が高いといえます。

また、EU諸国と同様、アメリカもインダストリーが重なっているところが少なくありません。アメリカはなんといってもマーケットの規模が大きいですし、適切なパートナーが見つかれば、想像以上の成功を収めることができるかもしれません。

さらにいえば、アメリカの場合、人材教育や医療などの分野では日本よりも進んでいるところがあるので、逆に日本企業がノウハウ等を学べる部分も少なからずあります。しかしながら、最近のアメリカは政治的な分断が先鋭化しており、日本からのアウトバウンドのビジネスに関しては、対象となる地域がアメリカのどこにあるのか、ブルーステート（主として民主党に投票した州）なのかレッドステート（主として共和党に投票した州）なのかについて留意し、ＱＡｎｏｎに代表される陰謀論（conspiracy theory）や保守的

な感情から被る想定外の不利益を回避することも不可欠です。

それから、イギリスも進出候補の選択肢になり得ます。同国は立憲君主国であり、また島国であるという点で、日本の国柄・国情と似通ったところがあります。環太平洋パートナーシップ協定（ＴＰＰ）加盟11カ国はすでにイギリスの参加に向け協議を始めることを決定しており、参加が実現すれば約15兆ドルのＥＵに匹敵する約14兆ドルの巨大経済圏のなかで相互にビジネスを展開することが可能となります。

ちなみに、イギリスはアメリカと比べて投資銀行の力がそれほど強くなく、どちらかといえば会計事務所が影響力をもっているという点でも日本に近いところがあります。

台湾やアセアン諸国も進出先として有望

ＥＵ諸国とアメリカ、イギリス以外では、台湾が有力な候補になります。台湾は１１０ページのグラフ（台湾の人たちを対象に行った対日世論調査の結果）が示すように大変な親日国であり、他国に比べて進出しやすい環境となっています。人口が２３００万人程度なので、マーケットの規模はそれほど大きくありませんが、まだ知られていない日本の商

[図表9] 台湾の親日度を示すグラフ

台湾を除いて最も好きな国上位３国|2009～2018年度

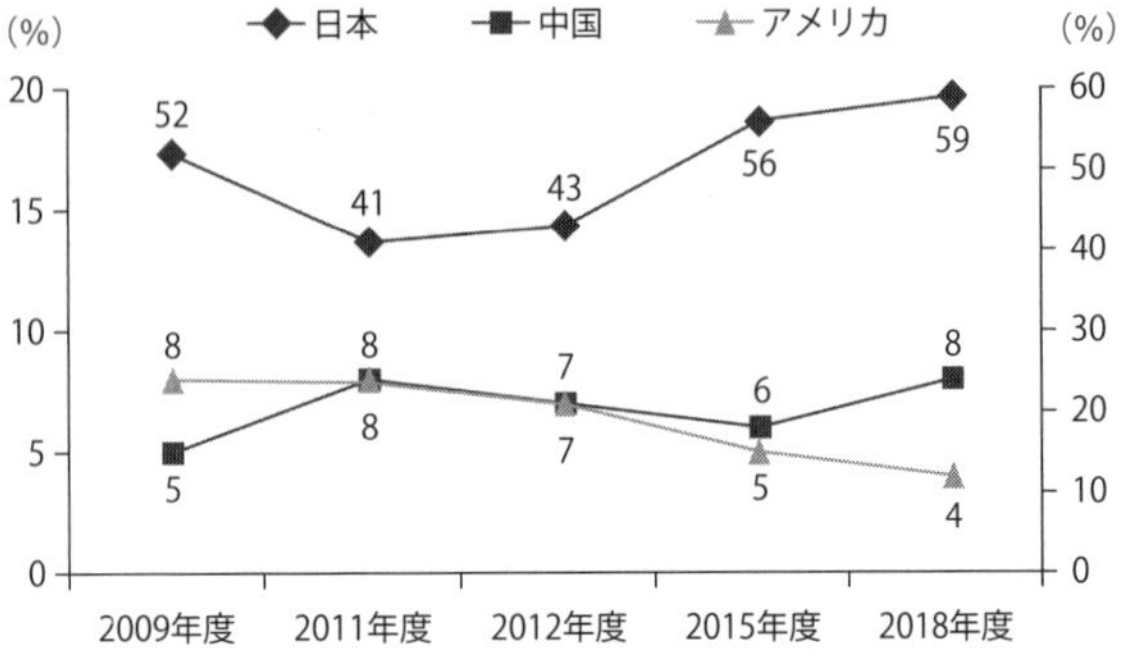

日本が最も好きと回答した年齢層別比率|2009～2018年度

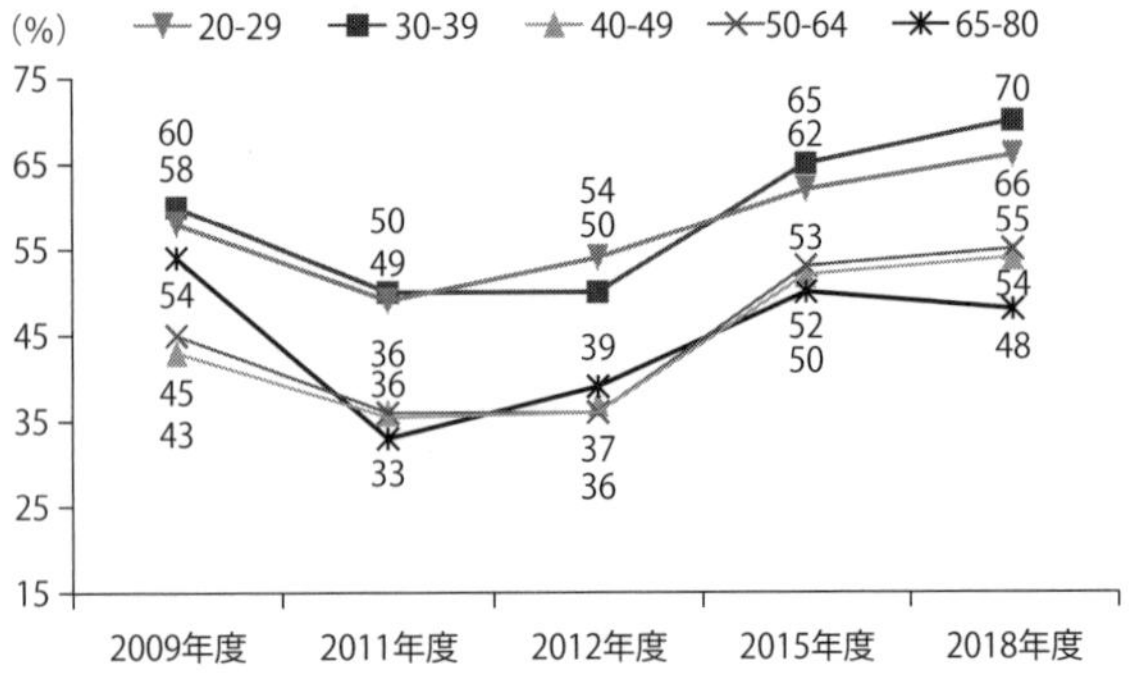

公益財団法人日本台湾交流協会「2018 年度対日世論調査 」より

材や技術を持ち込めば手堅い売上を得られる可能性が高いといえるでしょう。

　また、アセアン諸国も有望です。シンガポールを筆頭に、タイ、マレーシアなどが先進国に近づいており、市場のボリュームが年々拡大している点が魅力的です。

　ただし個々の国々を見ていくと、法制度などの面で問題を抱えているところもあるでしょうから、「どの国に向かうのか」は慎重に検討することが必要です。また、これらの国々においても、事案ごとにどこまで英語を共通言語として使えるのかを確認することが重要です。

　それから、イスラエルはＩＴ産業が盛んであり、現在、シリコンバレー並みに将来性の高い優良なシード企業が生まれています。近年、アメリカ企業もイスラエルに盛んに投資しており、ＩＴ系のパートナー企業を探しているのであれば要注目です。イスラエルは以前ＧＤＰで見ると10％程度までアメリカに依存していましたが、いまや1％程度まで依存度が低下しており、少なからず日本や他の国々にもビジネスチャンスが広がってきています。

　そのほかとしては、マーケットは大きくありませんが、オーストラリア、ニュージーランドなどのオセアニア地域、エストニアをはじめとするバルト三国なども安心してビジネスを展開できるという点では候補となり得ます。

逆に、政治的なリスクがあるので、あまりお勧めできない国としては、中国、ロシアが挙げられます。この2カ国は、国同士の環境として「グローバル化」とは逆行する要素があります。ただ中国については、既に相当の経済規模があるうえに、いずれ全世界グローバル化の中での信頼関係が復活する可能性もあります。また、現時点でも、国全体としての信頼度にかかわらず、個々の地元企業の中に十分信頼関係を構築できる企業もあるため、経験を蓄積した現地日系コンサルタント会社などを介しての、純粋に中国国内マーケットを攻めるためのビジネス構築やＭ＆Ａのチャンスがあります。この場合は本書での英語を軸とした〝先進国型〟のグローバル戦略とは異なる、中国語を軸とした〝中国型〟のグローバル戦略となりますが、日本企業同士や日本的環境に執着して〝こもる〟のではなく、対等な現地のパートナーと力を合わせて現地のマーケットを真正面から攻めるという点では共通しています。

韓国も、現状は日本との間にさまざまな問題が噴出しているので、少なくとも今は積極的な進出を見合わせるべきかもしれません。今後は相互に民度や英語のレベルを高めて、いずれは強力なビジネスパートナーが存在する国となることが期待されます。

英語の通じる国々

ＥＦ英語能力指数（EF English Proficiency Index）というＥＦ試験を受験した成人の英語力の平均の国ごとのランキングを示そうとする試みがあります。２０１２年には、１７０万人の受験者により初めてオンライン調査結果が公表され、直近の第６版は２０１６年11月に公表されましたが、「とても高い英語能力」と評価された14カ国、「高い英語能力」と評価された15カ国、「中程度の英語能力」とされた17カ国の合計46カ国の企業や投資家であれば英語によるインバウンド、アウトバウンドのビジネスが可能となります。ちなみに、日本は第６版に出ている69カ国のうち53番目、「低い英語能力」と評価されていますが、日本全体が低かったとしても、それでもいまや英語能力の高い国々を選んでビジネスを行うことが日本のグローバル化にとって最も手っ取り早く確実な選択肢となります。

繰り返しとなりますが、日本全体が英語を駆使するようになる必要はありません。英語は英語に慣れた専門家にまかせればよく、逆に英語の通じるグローバルマーケットにそういった専門家を活用して機会を見つけ出していけばよいのです。

参考例の紹介Ⅰ（オニツカのケース）

「海外の投資家や企業とともに世界に進出するとして、どのような展開になるのか具体的なイメージが湧かない」と思う人もいるでしょう。

そこで、実際に海外の投資家・企業とパートナーシップを結び、自社の商品・技術を海外に広めた企業の例として、スポーツ用品メーカー、アシックスの前身企業であるオニツカのケースを紹介します。

1949年に創業したオニツカは1960年代に1人のアメリカ人青年の協力を得て、アメリカに自社製品のマーケットを広げていきました。

そのアメリカ人は世界的スポーツブランドとして有名なナイキの創業者として知られるフィル・ナイト氏です。同氏は大学時代は陸上チームに所属し、中距離ランナーとして活躍していました。彼は、日本のスポーツシューズの可能性に注目し、1962年にオニツカを訪れました。そこにいたるまでの経緯については、あるインタビューで次のように語っています。

「私はスタンフォード大学ビジネススクールの論文で、日本のカメラがドイツのカメラより売れるのなら、日本のスポーツシューズも、ドイツのスポーツシューズのように売れるのではないか、と書きました。当時、アメリカや世界の市場ではドイツのプーマやアディダスが市場を独占していましたが、日本製のシューズが売れると考えたのです。そこで東京で靴屋を回り、オニツカの靴が一番だと知り、彼らに連絡しました」（ナイキ創業者「日本人は挑戦できる人たちだ」フィル・ナイトが「日本を熱烈に愛する」理由　松村太郎著　東洋経済オンラインより）

あなたは目をくり抜かれるわよ

ちなみに、フィル・ナイト氏が日本に行くことを決めたとき、祖母が驚き、次のように語ったことが、彼の著書のなかで伝えられています。

「どうしてなの。バック［フィル・ナイト氏の愛称］、ほんの数年前まで日本人は私たちを殺そうとしたのよ。覚えていないの？　真珠湾攻撃を。日本人は世界を征服しようとしたのよ。自分たちが戦争に負けたことを自覚していない連中もまだいるわ。日本人は密かに企んでいる。お前を刑務所に送るかもしれなくてよ、バック。目をくり抜かれるわよ。連中はそんなこともやってたらしいわ。目をくり抜くのよ」（東洋経済社『SHOE　DOG（シュードッグ）──靴にすべてを。』フィル・ナイト（著）、大田黒奉之（翻訳）より）

太平洋戦争が終わってから、まだ20年も過ぎていない頃でした。一般的なアメリカ人が当時の日本に対してどのような印象を抱いていたのかがうかがえる興味深いエピソードです。

アメリカで販売を開始、売上はとんとん拍子で伸び続ける

来日後、その頃、神戸にあったオニツカ本社を訪れたフィル・ナイト氏は、重役たちを

前に同社のスポーツシューズを自分にアメリカで売らせてほしいと交渉します。

そのときの様子を、彼は著書のなかで次のように描写しています。

「『みなさん、アメリカの靴市場は巨大です。まだ手つかずでもあります。もし御社が参入して、タイガーを店頭に置き、アメリカのアスリートがみな履いているアディダスより値段を下げれば、ものすごい利益を生む可能性があります』

私はスタンフォード時代のプレゼンテーションをそっくり引用した。数週間かけて調査し覚えた一言一句、数字までそのまま使った。おかげで、雄弁に語ることができた。重役たちは感心して聞いていたようだ。話し終わる頃には静まり返っていた。1人が沈黙を破り、さらにまた1人と全員が大声で興奮した様子で話し出した」

こうして、同社のスポーツシューズの販売権を獲得したフィル・ナイト氏は、「ブルーリボンスポーツ社」（ナイキの前身）を立ち上げアメリカでの販売を開始しました。

フィル・ナイト氏はさまざまな陸上競技会にシューズを持って向かい、レースの合間にコーチやランナー、ファンらと談笑しながら売り込みました。また、シューズの評判を聞いて、「ぜひ履いてみたいから着払いで至急送ってくれ」という人や、フィル・ナイト氏の家を訪ねて購入する人もいました。

１９６４年7月4日に最初の在庫は完売し、その後も売上はとんとん拍子で伸び続けました。具体的に示すと、１９６８年の売上は15万ドルで、翌年はその倍近くになったのです。

現地を知り尽くしたパートナーと手を結んだからオニツカは成功した

フィル・ナイトという海外パートナーを得たオニツカは、このようにアメリカ市場を開拓することにより、日本国内のみでビジネス展開していたとき以上の売上と利益を得ることに成功しました。

もし仮にオニツカが単独でアメリカ市場への進出を行っていたとしたら、果たしてこうした成功を実現できたかどうかは分かりません。

というのは、フィル・ナイト氏はアメリカで同社の製品を販売する際に、そっくりそのままではなく、大学時代のコーチであり、ビジネス仲間の一人でもあったビル・バウワーマン氏とともにアメリカ人向けの改変を加えていたからです。

足の大きさ一つとっても日本人とアメリカ人とでは異なります。そうしたさまざまな違いを修正してランナーにとってより理想的なシューズを作り上げたのです。

こうした細かな工夫を行っていたからこそ、オニツカのスポーツシューズはアメリカでも広く受け入れられていったのです。そしてそれを行うことができたのは、フィル・ナイト氏がアメリカ人であり、しかも自身もまたアスリートだったからにほかなりません。

このオニツカのケースは、日本国内で売上が思うように伸びずに苦しんでいる企業にとって一つの参考になるはずです。

日本では厳しい和菓子店もアメリカ進出で復活できる可能性がある

実際、海外でまだ十分にマーケット展開が行われていない日本の商品・技術・サービスのなかには、オニツカのスポーツシューズのように、大ヒットにつながる可能性があるものは少なくありません。

一例として、和菓子を取り上げてみます。

現在、和菓子店のなかには厳しい経営状況を強いられているところが少なくありません。その背景には、若者の和菓子離れ、いわゆるコンビニ・スイーツの台頭、お歳暮・お中元の習慣の衰退等が挙げられています。

そうした状況のなかで、ここ数年、老舗和菓子店倒産のニュースも相次いで伝えられています。たとえば、２０２０年６月には大阪府大阪市に本拠を置く和菓子製造・販売の「株式会社高砂堂」が自己破産申請の準備に入ったこともマスコミなどで報道されています。同社は、１８９１（明治24）年に創業され、「名代きんつば」などが知られていました。

このように日本では行き詰まりを見せている和菓子ですが、海外からの出資を得て、アメリカに進出することで復活の手掛かりを得ることができるかもしれません。

というのは、現在、アメリカでは健康ブームの流れのなかで日本の食文化に対する注目が高まっているからです。

洋菓子に使われる生クリームよりも、小豆が原料のあんこのほうがヘルシーなイメージがあるので、アメリカ人に受け入れられ売上が伸びる余地はあるはずです。現地パートナーの協力を得て綿密なマーケティングを行い、現代アメリカ人の志向に合わせたテイストに調整すれば、広く浸透する可能性が十分にあります。

また、多方面において日本との親和性の高い台湾への進出も検討する価値があります。今はむしろ台湾スイーツが日本に進出することが多い状況ですが、逆もまた真なりで、日本の和菓子が台湾で市場を開拓する余地がまだまだあるかもしれません。和菓子ではありませんが、少し品質を替えた形で、日本の煎餅が台湾でも人気を集めるようになっています。

参考例の紹介Ⅱ（シャープのケース）

窮境に陥った企業が海外からの資金を得て再生を果たした代表例として、シャープがあります。

シャープは、２０００年代にもっぱら液晶テレビに力を入れて業績を急拡大し、２００８年３月期には過去最高となる売上高３兆４１７７億円、純利益１０１９億円を計上しました。

しかし、2010年代に入ると同社の経営状況は一変します。低価格を武器にした韓国メーカーとの市場競争に敗れた結果、2011年度には3760億円、2012年度には5453億円もの巨額赤字を出す状況に陥ってしまったのです。

巻き返しを図ったシャープは事業構造改革などを進め、一時は回復基調をたどるかに見えました。

しかし、事態は再びマイナスの方向に向かいます。主力製品の中・小型液晶パネルの売上が想定を下回るなど、同社の業績は急激に悪化していったのです。

2015年には、日本格付研究所がシャープの発行体格付けを「ダブルB」から「ダブルC」に3段階引き下げました。「単体ベースで債務超過となっており、連結ベースでも債務超過寸前」であることが理由でした。

シャープはまさに倒産前夜の状況を迎えることになったのです。

鴻海の支援を受けて負の遺産を一掃する

こうしたシャープの危機的状況を救ったのが、台湾の鴻海《ホンハイ》精密工業でした。鴻海は、２０１６年に総額３８８８億円の出資を行い、シャープの筆頭株主となりました。また、同年８月に開かれたシャープの臨時取締役会で、鴻海グループのナンバー2だった戴正呉《たいせいご》副総裁（当時）が新社長に就任することになりました。

以後、鴻海の主導によりシャープの経営改善が急ピッチで進められていきます。戴正呉社長のもとで徹底したコスト削減と業務の効率化が行われました。

具体的には、テレビや白物家電の生産の一部を鴻海に移し、物流を鴻海グループと統合。太陽電池の赤字の主因の一つだった割高な原料調達契約も見直されました。

こうした経営立て直しの取り組みの結果、シャープの業績は立ち直り始め、２０１７年4～6月期は7年ぶりの最終黒字に転換しました。株価も1年前の約4倍もの水準に回復したのです。

２０１９年６月には、支援を受けるために主力取引銀行2行に発行した優先株をすべて買い取り、消却したと発表し、「負の遺産」をすべて一掃したことを明らかにしました。

鴻海とシャープはウィンウィンの関係を理想的な形で築いた

このようにシャープは、鴻海から得た資金によって見事にV字回復を遂げ、再生に成功しました。

シャープが鴻海というスポンサーを得てこのような成功を実現した要因としては、両者が互いに補完しあえる関係にあったことが挙げられるでしょう。

まず、シャープは、創業以来、高い技術力・開発力を備えていました。一方、鴻海は生産効率化のノウハウや国際的な販売網を有していました。こうした両者がもつメリットを組み合わせることによって、事業価値の最大化を図ることが可能となったのです。また、鴻海はもともと製造受託業者であり、アップルの製造パートナーとして巨大な売上を得ていましたが、独自のブランド商品はありませんでした。それが、スポンサーとなることによって、シャープというブランドを手にすることができたのです。

このように両者にとってウィンウィンの関係を理想的な形で築くことができたのは、鴻海から派遣された戴正呉社長（当時・現シャープ会長兼ＣＥＯ）が日本の企業社会や経営のあり方について十分に理解していたことも深く関係していました。戴氏はあるインタビューで次のように語っています。

「シャープの再建は『鴻海流』で行われたとよくいわれますが、私は『日本式』で再建したと考えています。もちろん、『鴻海流』の挑戦する風土やスピード感といったものを、経営のなかに活かしているのは事実です。しかし、私が、大同股份有限公司時代に、日本に駐在し、日本人の上司から学んだこと、そして、シャープの創業者である早川徳次氏の経営の考え方も活かしています。鴻海流、日本流、早川流のミックスだといえます」

（CNET Japan「再建は鴻海流、日本流、早川流のミックス」―大河原克行著　シャープ戴会長兼社長ロングインタビューより）

パートナーは同業他社がベター

シャープのケースから学べることの第一は、パートナーとなるスポンサーの選択肢としてはファンドよりも、同じ事業を営んでいる企業のほうが、つまりは同業他社のほうがベターであるということです。

業界について十分に理解していることがもたらすメリットやシナジー効果等が期待できるからです。

このことは、原子力事業の巨額損失等により経営危機に陥った東芝の事例と比較することでより明らかになるかもしれません。

東芝はシャープと異なり、現在、投資ファンドからの資金によって経営立て直しに取り組んでいるところです。

東芝は再建の手段として、「事業の切り売り」を選択しました。具体的には、ＰＣ事業、白物家電事業、医療機器部門などを手放しました。残っているのは原子力事業と社会インフラ事業だけです。

このような東芝の現状に対して、「これからどのように生き残るつもりなのか」と疑問を投げかける識者もいます。

たとえば、『シャープ再建　鴻海流スピード経営と日本型リーダーシップ』（啓文社書房）

のなかで、著者の中田行彦氏は「（東芝の）課題は『事業切り売り』したあとに『何で稼ぐか』である」と指摘しています。

一方、シャープは出資者である鴻海が同じ製造業者でしたし、そもそも同社はシャープの事業を活かすためにスポンサーとなったのですから、東芝のように事業を切り売りする必要がありませんでした。

現在、シャープの事業は３つのセグメントから成り立っています。

①スマートライフ

冷蔵庫、過熱水蒸気オーブン、電子レンジ、小型調理機器、エアコン、洗濯機、掃除機、空気清浄機、扇風機、除湿機、加湿機、電気暖房機器、プラズマクラスターイオン発生機、理美容機器、電子辞書、電卓、電話機、ネットワーク制御ユニット、太陽電池、蓄電池、カメラモジュール、センサモジュール、近接センサ、埃センサ、ウエハファウンドリ、ＣＭＯＳ・ＣＣＤセンサ、半導体レーザー等

[図表 10] セグメント別営業利益

※(　)内の数字は営業利益率　　(単位：十億円)

	2019年度 Q1	2019年度 Q2	2019年度 Q3	2019年度 Q4
(a)スマートライフ	**5.9** (3.3%)	**11.3** (4.9%)	**15.4** (6.3%)	**7.1** (3.7%)
(b)8Kエコシステム	**5.5** (2.1%)	**11.6** (3.7%)	**10.0** (3.1%)	**-13.9** (-5.5%)
(c)ICT	**7.3** (7.6%)	**3.7** (4.5%)	**4.4** (5.1%)	**4.9** (5.6%)
小計	**18.7** (3.5%)	**26.7** (4.3%)	**29.9** (4.5%)	**-1.8** (-0.3%)
調整額	**-5.5**	**-4.8**	**-3.2**	**-8.4**
合計	**13.2** (2.6%)	**21.9** (3.6%)	**26.6** (4.2%)	**-10.3** (-2.0%)

	2020年度 Q1	2020年度 Q2	2020年度 Q3	前同比	コロナ影響
(a)スマートライフ	**11.6** (6.4%)	**16.6** (7.4%)	**26.5** (9.7%)	+72.3%	0.0
(b)8Kエコシステム	**-2.5** (-1.0%)	**6.3** (1.8%)	**7.4** (2.2%)	-25.9%	-4.1
(c)ICT	**4.5** (5.2%)	**2.7** (3.3%)	**3.7** (4.3%)	-16.0%	0.0
小計	**13.6** (2.5%)	**25.7** (3.9%)	**37.7** (5.4%)	+26.1%	
調整額	**-3.8**	**-5.9**	**-5.4**	-	
合計	**9.8** (1.9%)	**19.7** (3.1%)	**32.3** (4.8%)	+21.3%	-4.0

出典：シャープ株式会社「2020年度第３四半期決算概要」

②８Ｋエコシステム

液晶カラーテレビ、ブルーレイディスクレコーダー、オーディオ、ディスプレイモジュール、車載カメラ、デジタル複合機、インフォメーションディスプレイ、業務プロジェクター、ＰＯＳシステム機器、ＦＡ機器、各種オプション・消耗品、各種ソフトウェア等

③ＩＣＴ

携帯電話機、パソコン等

（２０２０年３月現在）

２０２１年３月に発表された２０２０年度第３四半期決算では、これら３つのセグメントすべてが黒字でした（１２８ページ表参照）。

ちなみに、東芝が手放したパソコン事業を購入したのはシャープでした。東芝のときには赤字続きだった同事業は、買収後、黒字に転換しています。

また、日本のスマホ市場で生き残って最新機種を出している数少ない日本メーカーが

シャープとなっています。

このように、同業者という知見とノウハウを共有できるパートナーを得ることによって、自社の事業価値を最大化することが可能となるのです。

言葉が通じたことも成功のポイント

シャープの成功例から学べるもう一つのことは、言葉が通じるパートナーを選ぶのが望ましいということです。

鴻海は台湾の会社でしたが、シャープとの関係では、中国語ではなく英語と日本語が社内語として用いられていました。戴会長も、社内の会議や社員へのメッセージには必ず日本語を使っています。

「日本語はうまくないのですが（笑）、日本語で話をしたほうが、社員に私の気持ちが伝わると思っています。また、社員にOne SHARPという意識を強くもってもらいたいという思いがあります」（CNET Japan「再建は鴻海流、日本流、早川流のミックス」大河

原克行著　シャープ戴会長兼社長ロングインタビューより）。

また、外国語が社内語となる場合でも、英語であればコミュニケーションをスムーズにとることが可能です。

さらにいえば、英語が共通言語となっている企業は、そうではない企業に比べてグローバルな会社であるといえます。そして、グローバルな会社の特徴の一つとして、意思決定が早いことが挙げられます。英語と聞いただけでハードルを高く感じてしまう中小企業の経営者が多いのが現実ですが、最近では英語についても専門サポートをうまく利用しながら、ハードルを楽に越えることが可能となっています。

実際、鴻海は意思決定が早く、そうした決断の早さが、アップルの製造パートナーとしての地位を勝ち取った要因となり、さらには他のライバルを押しのけ最終的にシャープのスポンサーに選ばれた決め手にもなったのです。

しばしば、日本企業の問題点の一つとして意思決定の遅さが挙げられますが、鴻海の影響を受けてシャープもスピード経営に変わりました。そのことが同社の復活に大きく寄与したことは間違いないでしょう。

海外パートナーから見た日本の中小企業の改善ポイント

多くの海外パートナーが日本の中小企業の改善すべきポイントとして挙げる根幹的な項目は、原価計算、財務管理、事業計画策定に関するものが多くなっています。

①原価計算

原価計算は、海外スポンサーが投資を実行したあとなどの投資パフォーマンスのモニタリング構成項目としての月次報告、財務管理、会計監査等の財務会計や事業計画策定にとって広範囲に影響する重要な財務情報ですが、海外パートナーによる原価計算機能の理解・確認がなければパフォーマンスの認識そのものが全く成立しなくなります。また、月次年次の財務会計報告だけでなく、生産管理、原価低減、プロジェクト損益、顧客損益、投資後のシナジー測定等の管理会計にとって不可欠な要素であることはいうまでもありません。そのため相手先である日本の中小企業において〝採用しています〟といっている標準原価管理の実態について速やかに説明し、長所・短所を含む標準原価管理の内容・実態を海外パートナーとの間で共通認識化することが必要となります。

当該コミュニケーションは、文書での実務フローや財務責任者・経理課・工場原価計算部門による説明・改善すべき点の指摘が期待されるところとなりますが、一般的には原価計算をグローバルレベルで専門的に報告・説明できる人材不在事例が見受けられ一向に事態の把握が進まないケースとなってしまうこともあります。人材不在を早急に判断し、海外パートナーに対し財務・経理実務家・工場原価計算担当者の派遣を要請する等の緊急対策が必要なケースもありますが、場合により原価計算制度そのものを抜本的に更新しなければならないこともあります。

②財務管理

海外スポンサーが、その投資後の投資資金・運転資金に関するファイナンスを付与するか否かを含む判断に対する資金繰り報告は、究極的には海外パートナーそのものにファイナンスを付与している現地利害関係者のモニタリング観点からも不可欠です。

そのため、運転資金や投資にかかる資金繰り情報を、日本の再生企業の財務担当者が日次週次などの単位できめ細かく、調達・運用（資金繰り）を管理し、その状況を海外スポンサーに報告・共有することが望まれます。

海外スポンサーからのさらなるファイナンス獲得においても、まず直接的な設備投資計画を間接的に支える足元の運転資金にかかる管理状況が、次のファイナンス検討にとって重要です。しかしながら、一般的には大きな企業集団からのスピンアウトや再生企業に対するクロスボーダーM&Aにおいては、当該投資先企業そのものに専門家として日常運転資金の資金繰りを管理できる人材が不在となっているケースが見受けられます。このようなケースに該当する場合は、海外スポンサーの経理・財務部門において、早急に投資先の資金繰り管理資料を入手のうえ、担当者ヒアリングを実施し、必要に応じて資金繰り人材そのもののテコ入れを図ることになります。

資金繰り状況の確認については、1年近く経過したあとでも確認できていないケースもあるため、海外スポンサー自身による調査・ヒアリングが緊急を要する課題となる可能性があります。

③事業計画策定

事業計画は、海外パートナーから見て日本の投資先の中長期損益状況や資金繰り見込を理解・把握するうえで不可欠なだけでなくグローバル経営の共通ツールとして、事業概況、経営体制、財務報告、原価計算、設備投資、資金繰り等の投資パフォーマンスのモニタリングにおける諸要素の集大成として作成されるものとなります。しかしながら、日本の投資先企業において事業計画を策定できる財務・経理その他実務的な人材がいないとの判断となり、また時間をかけて事業計画を策定できたとしても海外スポンサーの財務・経理部門や利害関係者の検討レベルを充足しないことも想定されます。

スポンサーとともに投資先会社の財務・経理部門主導において、事業計画策定に向けた人材補強・策定手法の指導等を実行することが不可欠となります。

［第5章］

グローバル化には金融機関の支援が不可欠融資を引き出す再生計画のつくり方

一昔前、金融機関は中小企業のグローバル化に無関心だった

事業再生の一方策としてグローバル化戦略を展開するためには金融機関の支援が不可欠となります。具体的には金融機関を十分に納得させられるだけの事業計画を作成することが求められます。

そこで、自社の復活と海外への第一歩を踏み出すためにおさえておきたい事業計画作成のポイントについて取り上げます。そもそも金融機関が、特に中小企業と関わりの深い地方の金融機関が現在、中小企業のグローバル化に対してどのようなスタンスをとっているのかについて触れておきます。

まず、一昔前の地方の金融機関には、企業の海外進出を戦略的に支援するという発想が基本的にありませんでした。

地方銀行などが海外に拠点を設ける例もありましたが、それはあくまでも大企業の進出をサポートすることが目的でした。たとえば、地元の大企業がアメリカに工場を構える場合に、それに対応するためにニューヨークに駐在員事務所や支店を設けるというような

ケースは見られたものの、企業のグローバル化を後押しする役割を中心的に果たしていたのはいわゆるメガバンクでした。

現在、地域金融機関の間で中小企業の海外展開を後押しする動きが強まっている

しかし、現在、状況は大きく変わっています。多くの地方銀行や信用金庫が地元の企業等を対象に海外進出を後押しする積極的な取組みを行っているのです。

具体的には、日本企業の販路開拓支援や現地通貨建て決済サービス、輸出入契約事務等の支援、ビジネスマッチング、現地法人等の設立支援、進出先に関する情報提供、コンサルティングサービスなどを提供しているのです。

また、こうしたサポートをより円滑に進めるために、「海外展開一貫支援ファストパス制度」へ参加したり、日本政策金融公庫と「スタンドバイ・クレジット制度」に関する基本契約を締結する金融機関も少なくありません。

海外展開一貫支援ファストパス制度とは、地域金融機関や商工会議所など国内各地域の企業支援機関が、外務省（在外公館を含む）、ＪＥＴＲＯなど海外展開支援に知見がある

機関と協力し、海外展開の「潜在力」「意欲」をもつ顧客企業に対し、海外展開支援を一貫して円滑に進めるものです。

一方、スタンドバイ・クレジット制度は、日本政策金融公庫が業務提携する海外金融機関（インドネシア、シンガポール、タイ、韓国、フィリピン、ベトナム、マレーシア、メキシコおよび台湾）に対して債務保証のための信用状を発行し、取引先の現地通貨建て資金調達の円滑化をサポートする制度です。

金融機関が中小企業を支援する成功事例が続々と生まれている

このように地方の金融機関は、いまや中小企業のグローバル化を推進するサポート役を前向きに担っているところです。

その背景事情としては、国が現在、金融機関が中小企業の海外進出を支援するよう促す施策をさまざまな形で展開していることが挙げられます。

そうした取り組みの一例として、金融庁は「金融機関による企業の海外進出支援の促進に向けて」というパンフレットを発行しています。

同パンフレットは、「取引先事業者の海外進出を支援したいが、海外進出を専門に担当する部署がなく、ノウハウや知識の蓄積がないため、どのように支援してよいか分からない」「公的機関による支援制度はたくさんあるが、どの機関と連携し、どのフェーズで、どのような支援施策を活用すれば、事業者の海外進出に貢献できるのか分からない」といった金融機関の声に対応するため、参考となる優良事例の共有を意図したものです。

千葉県・千葉銀行のケース

取引先である小型ゴム製品の製造業者は、中国広東省の工場で製品を製造し、香港法人を通じて海外市場に販売していた。しかし、近年の中国での人件費の高騰といった中国一極集中リスクを排除するため、生産拠点の分散を含めた、拠点の移転を検討していた。

移転の相談を受けた同行は、バンコク駐在事務所を通じて、タイおよびラオスへ進出している同行の取引先企業を紹介し、この取引先企業の工場視察をアレンジするとともに、現地における労働者の確保状況などの現地調査を支援した。

愛知県・瀬戸信用金庫のケース

「瀬戸焼製品を海外に売り込みたい」という瀬戸焼業者や卸売業者のニーズを実現するため、瀬戸市と連携し、セミナーの開催や国際見本市への出店支援などを行う。

また、新たな販路開拓へつなげるために、セミナーの開催にとどまらず、国際見本市である「東京インターナショナル・ギフト・ショー」に瀬戸市との共同ブースを設け、セミナー参加事業者に自社商品をＰＲできる機会を提供。出展に際し、より多くの商品が海外バイヤーの目にとまるよう、瀬戸市と共同して、通訳の配置、英語・中国語版パンフレットの作成、展示商品の助言・選定を行う。

岡山県・玉島信用金庫のケース

取引先の白桃農家は、高品質の日本産果実の需要が海外で高いことに着目し、海外への販路拡大を検討していた。しかし、海外販売拠点や販路拡大のノウハウをもっておらず、実現困難な状況だった。

そこで、海外貿易実務に詳しい専門家の紹介や販路の確保等の支援を行い、白桃の海外輸出を実現する。
輸出方針の決定後には、地元の通関士を紹介することで、傷みやすい白桃の輸送方法の検討や輸出用価格表の作成を支援。

国際協力銀行の支援で海外進出を果たした地方のカレーチェーンも

また、地方の金融機関のほかには、国際協力銀行（ＪＢＩＣ、Japan Bank for International Cooperation）も海外進出を企図する中小企業を金融面からサポートする取組みを積極的に展開しているところです。

国際協力銀行は、日本政府が１００％出資する特殊銀行であり、１９９９年に日本輸出入銀行と海外経済協力基金（ＯＥＣＦ）が統合して設立されました。

中堅・中小企業を含む日本企業の海外投資や製品輸出などに必要な長期資金を、民間金融機関との協調融資等で支援する業務を行っています。

融資の態様は民間金融機関との協調融資による個別融資スキームや、民間金融機関を通じたツー・ステップ・ローンスキーム、現地通貨建て融資、ファイナンスリース支援のツー・ステップ・ローンなどさまざまです。

また、日本の地域金融機関を通じた中堅・中小企業の現地進出支援体制整備のための覚書を結ぶ等、海外地場金融機関とも連携しています。

実際、国際協力銀行が地域金融機関を通じて中小企業に融資を行った近時の興味深い例としては、石川県野々市《ののいち》市のカレーチェーン「チャンピオンカレー」のケースが挙げられます。

チャンピオンカレーは、飲食事業を手掛ける１９６１年創業の中小企業です。日本食ブーム等を背景に、飲食事業の需要の拡大が見込まれるアメリカで、２０２０年1月に現地法人を設立し、同年6月にはカリフォルニア州に海外初となる店舗を出店しました。

融資は北国銀行を通じて行われ、チャンピオンカレーは得た資金を店舗の取得などにあてる意向を示しています。

グローバル化のスタートは事業計画の作成から

ここまで見てきたように地方の金融機関は現在、中小企業の海外進出に対して積極的なスタンスをとっています。

そして、経営を立て直し、グローバル化に取り組むためには、金融機関に「この企業を助けたい」という思いを抱かせることが必要であり、そのためには適正な事業計画を策定することが不可欠となります。

そもそも、金融機関は適切な事業計画がなければ、企業の再生をサポートすることができません。法人税法上、合理的な再建計画に基づかなければ、放棄した債権を損金として計上することができないからです。

また、事業の再生とグローバル化を進めていくプロセスは、大きく以下のような3つのステップをたどることになります。

①現状を把握する
②事業計画を立てる
③モニタリングを行う

デューデリジェンスでは改善すべき点は直近の窮境要因の分析が大きな柱になる

まず、①現状把握では、デューデリジェンスの作業が重要な意味をもつことになります。デューデリジェンスとは、企業の現状やリスク・問題点の有無などを把握することを目的として行われる調査です。「デューデリ」「ＤＤ」などと略称されます。

会計に関しては公認会計士に、事業の具体的な中身に関しては対象となるインダストリーに対して知見のある中小企業診断士に専門的な調査を行わせます。また、必要に応じて不動産や知的財産権等に関してもデューデリジェンスを行うことがあります。

このデューデリでは、窮境要因の分析が大きな柱になります。

窮境要因とは、企業の経営が悪化した事情や理由です。より具体的にいえば、「なぜ、過剰債務の状況に陥ったのか」ということです。

経営危機に直面する企業が抱える主な窮境要因としては以下のようなものが挙げられます。

・本業の経営不振
・本業以外の事業への過剰な投資
・取引先の倒産・事業縮小
・保証先の倒産・事業縮小
・親会社の倒産・事業縮小
・過去の経営判断の誤り
・円高・原油高等外部環境の悪化
・金融機関による貸し渋り、貸しはがし
・資産運用失敗、金融派生商品による損失
・融資契約に関する財務制限事項への抵触

こうした窮境要因を具体的に把握し、さらにはどのように克服するのかをデューデリジェンスを通じて検討することになります。

事業基盤がなければ事業計画の策定は不可能

デューデリジェンスにおけるもう一つの大きな柱は、事業基盤の分析です。

事業基盤とは、現在営んでいる事業に価値があること、具体的には、事業に収益性や成長性、競争力があること、またはその見込みがあることです。つまりは、今の事業で継続的にキャッシュフローを生み出し続けられるのかを、判断していくわけです。

この事業基盤の有無は時代背景等によっても変わってきます。

たとえば、街の書店はかつては読書が娯楽の中心であったこともあって、安定した売上・利益を上げることができましたが、活字離れが進んだ現在、読書人口が減っていることに加えて、アマゾンのようなインターネット上の強力な競合が現れているため、一般的に事業基盤はかなり揺らいでいます。

また、金融機関が企業の事業基盤を見るときは、あくまでも現在と将来に向かってキャッシュフローが出るか否かが基準になります。

仮に画期的な特許やノウハウを企業が有していたとしても、それだけでは足りず、十分な売上を得られるだけのマーケットがあり、なおかつ安定した顧客が存在することが求められます。

このような事業基盤がなければ事業計画の策定は不可能です。

事業計画には暫定計画と抜本計画の2種類がある

デューデリジェンスを通じて現状把握を行ったあとは、②事業計画を立てます。

具体的には、収益計画・資金計画の形でまとめます。「ボイラーを替えなければいけない」「業務に使う冷蔵庫が寿命だから……」「配電盤が台風でやられたので」等々の設備投資にかかる費用を除いてフリーキャッシュフローがいくら生まれるのかを考えます。

そして、キャッシュフローのなかからどのくらいのお金を返済に回せるのかを検討し、計画のなかに示していきます。

また、事業計画には大きく暫定計画と抜本計画という2つのタイプがあります。

暫定計画は3年など短い期間を区切って、その間に経営立て直しのために達成すべき短期的な目標を定めるものです。過剰な債務をかかえる企業では、経営管理がおろそかになっていることが珍しくありません。そのような状態では、本格的な事業計画をつくれないため、その代わりに暫定的な計画を定めるのです。

一方、抜本計画は暫定計画が実現されたあとに、抜本的な収益回復策を定めるものです。実現可能にして抜本的な計画として定めるものであり「実抜計画」とも呼ばれます。

実抜計画では、資産の含み損なども反映して実態資本の状況を正しく示し、マイナスだった場合にはおおむね3年で解消されることを目指します。

経営者が自ら身を切る覚悟がなければ事業計画はまとまらない

事業計画では経営者の責任についても記載します。

過剰な債務の状況に対して、経営者には大きな責任があります。その責任に対して、経営者がどのように対応するのかを明らかにするのです。

この経営責任の取り方は、金融機関の支援の度合いによって異なってきます。

たとえば、債権カットになると、自らの血を流すことが必要になります。すなわち、経営者個人の所有する別荘を売却したり、子どもの教育保険を解約するなどして私財を提供することが求められます。

一方、単なる返済猶予であれば、血を流すことまでは求められません。

さらに、経営責任の一環として、経営者の退任が必要になることもあります。その場合、事前に決めていた後継者候補（経営者の子どもなど）が拒まれ、外部から新たな経営者が招聘されるケースもあります。

また、再生の取り組みが続けられている間は経営者の報酬が低額になることが避けられず、月額で10万円程度になることも珍しくありません。

当然、日々の生活が厳しくなるので、そうした状況になるのを嫌がる経営者もいるでしょう。

しかし、苦しい状態が未来永劫続くわけではありません。売上、収益を改善して、銀行の管理下から脱出することができればすぐにまた元の生活に戻ることができます。

その期間を10年、５年、３年と短くするために、少しでも早く債務を返済できる体制を築くよう懸命に努めることが大切です。

なお、最近では「経営者保証に関するガイドライン」に沿った特定調停手続きによって経営者の連帯保証に関する過剰な負担を軽減できるようになっています。

事業計画は金融機関の担当者が稟議書を書くための材料となる

事業計画の中身は事業基盤に見合った実行可能なものであることが求められます。イメージとしては、甘過ぎず、厳し過ぎない、無理のないものをつくることが重要です。

また専門家が計画の作成をサポートするとしても、経営者自身がその中身に対して全面的に責任を負うことを意識しなければなりません。

経営者自身が主体的に計画の作成に関わり、そのなかで決めたことは絶対に守るという覚悟をもつことが必要です。

そして何よりも、事業計画は再生を支援する金融機関の担当者が稟議書を書くための材料であることを忘れてはなりません。

計画の中身が不十分であれば、金融機関の同意が得られず再生が難しくなることは十分に承知しておく必要があります。

グローバル化支援の専門家によるモニタリングのポイントは？

策定した計画を実行していく段階では、③モニタリングが行われます。具体的には、計画がきちんと実行されているか否かを、公認会計士などの専門家がチェックします。このような専門家によるモニタリングは、金融機関が計画に同意する条件となっているのが一般的です。

モニタリングの結果については、計画と実績を対比する形で、専門家が報告書にまとめ、半年に1回、ないし3カ月に1回ぐらい開かれる金融機関とのミーティング（バンクミーティング）で共有します。

モニタリングが実際にどのような形で進められているのか、私自身の体験を例にして紹介しましょう。

まず、目標とする売上等の数字を達成できていない場合には、その原因について経営者にヒアリングを行います（月次試算表を見て、計画には示されていなかった投資が行われているのを知り、その理由を尋ねることもあります）。

また、報告書を作成する過程で、必要があれば、オフィス以外の現場を視察することもあります。たとえば、倉庫に足を運んで在庫が滞留していないか、商品がしっかりと回っているかを確認するようなケースもありました。

さらに、時には経営者と取引先まで一緒に足を運んで、「金融機関は同意してくれましたから、これからもよろしくお願いします。急に倒れたりすることはありませんから」などと説明することも。このように、取引先のスムーズな協力を引き出すために、専門家が汗を流すこともあるわけです。

再生に対するスタンスは金融機関によって異なる

再生の局面には、通常、1行だけでなく、複数の金融機関が関係しています。

そして、再生に対するスタンスは金融機関によってそれぞれ異なります。メガバンクのなかには私的整理の形で再生させるよりも、従前から法的整理で決着をつけることを好むところもあります。債務超過に陥った中小企業を再生させるのには時間と手間がかかりますし、法的整理をすれば単純に債権を損金計上して終わらせることができるからです。

逆に再生のための作業を厭わない金融機関もあります。たとえばかつて３つの銀行が合併してできたある大手銀行は、融資先が多過ぎるため、法的整理を選んでいたら自行のポートフォリオが毀損してしまうので再生に前向きに取り組む傾向が見られました。重複する与信先について与信過多となるケースからも再生目線が必要でした。

また、地方銀行や信用金庫は、地元の企業が破綻することは地域経済の縮小につながるため、できるだけ避けたいと考えています。そのため、可能性がある限りは、再生を図る方向で動きます。

このように再生に対する金融機関の思惑が異なる場合が多々ありますが、基本的にメインバンクが再生案に賛成すればほかの金融機関も右にならうと思っていてよいでしょう。

ちなみに、担保の評価も金融機関によって全く異なることが珍しくありません。

たとえば、A信用金庫は会社の不動産を３０００万円としか評価してくれないのに、B信用金庫では８０００万円で評価してもらえるということもあります。

このように金融機関によって担保の評価額が異なるのは、不動産の価値そのものの評価の仕方が異なるのに加えて、評価した額に対していくらの融資枠を設定するのかという掛け値がそれぞれ違うことも関係しています。

今では、担保価値よりも将来に向けての事業そのものから生み出されるキャッシュフローの価値を見て融資判断を実行する金融機関が増えてきていますが、この事業そのものの評価の仕方についても金融機関の間でかなりの差異が見られます。

再生のゴールは「正常先」

企業の再生は、格付けの観点から見た場合、債務者区分が「正常先」になるということを意味します。

まず、そもそも格付けとは何かから説明すると、金融機関は一般に債権を、債務者の状況に応じて以下のような形で区分していますが、この区分によって決算期ごとの融資先への貸倒引当金の額が決まり、業績評価もされることになるため、金融機関では支店でも本部でも自行のルールに沿った厳格な区分けを行います。

①破綻先

法的・形式的な経営破綻の事実が発生している債務者（たとえば、破産、清算、会社整理、会社更生、民事再生、手形交換所の取引停止処分等の事由により経営破綻に陥っている債務者）。

②実質破綻先

法的・形式的な経営破綻の事実は発生していないものの、深刻な経営難の状態にあり、再建の見通しがない状況にあると認められるなど実質的に経営破綻に陥っている債務者。

③破綻懸念先

現状、経営破綻の状況にはないが、経営難の状態にあり、経営改善計画等の進捗状況が芳しくなく、今後、経営破綻に陥る可能性が大きいと認められる債務者（金融機関等の支援継続中の債務者を含む）。

④要注意先

金利減免・棚上げを行っているなど貸出条件に問題のある債務者、元本返済もしくは利息支払いが事実上延滞しているなど履行状況に問題がある債務者のほか、業況が低調ないしは不安定な債務者、または財務内容に問題がある債務者など今後の管理に注意を要する債務者。

⑤正常先

業績が良好であり、かつ、財務内容にも特段の問題がないと認められる債務者

再生を目指す企業は、①～④の状態を脱し、⑤正常先にならなければいけないのです。そのためには、金融機関に対して負っている債務の額に相当する10年分のキャッシュフローを確保することが必要になります。たとえば、債務が50億円であれば年間、5億円のフリーキャッシュフローが出ていないと、正常先には区分されません。

ただ、実際にそれだけのキャッシュフローを将来的に確保することが容易ではなくなっている現状があります。先に触れたように、今の日本では、国内市場だけでは再生の出口が見えない状況が生まれているのです。そして、そうした問題を解決する方策として、海外市場に目が向けられ始めているわけです。

地方の金融機関は現在、中小企業の海外進出を積極的に後押しするスタンスを示してい

ます。再生の出口戦略として海外マーケットへの進出を選択肢とすることは、金融機関の間でもこれから広く〝常識〟となっていくはずです。

［第6章］

グローバル化を推し進め、令和不況に打ち勝て

グローバル化が遅れている中小企業には大きなチャンスが広がっている

目下、コロナ禍のなかで多くの企業が経営にダメージを受け、事業の先行きに対して強い不安を抱いています。

帝国データバンクが２０２０年12月に行った調査では、２０２１年の景気について「回復」「悪化」と見込む割合が業界別にまとめられています。以下のように、どの業界でも「悪化」が「回復」よりも多くの割合を占めています。

	「回復」	「悪化」
農・林・水産	5・6％	37・5％
金融	14・6％	30・0％
建設	9・3％	44・8％
不動産	10・8％	40・4％
製造	17・3％	24・6％

卸売	12・6%	31・3%
小売	11・1%	32・5%
運輸・倉庫	16・6%	30・5%
サービス	15・2%	33・7%

このように幅広い業界において日本のマーケットに対する将来的な展望を開けずにいる〝令和不況〟の状況で、改めて強調しておきたいのは、中小企業にとってグローバル戦略という選択肢を検討することが、そうした事態を打開する大きなきっかけになり得るということです。

ことに、これまで、海外展開を考えていながらためらっていた企業、海外でも通用するだけのクオリティを備えた商品・サービス、技術をもつ企業は、むしろこのコロナ禍という逆境だからこそ、新たなチャレンジ・行動を起こすことが求められているととらえるべきかもしれません。

多くの中小企業はグローバル化に立ち後れています。だからこそ、今ここで海外に打って出ることで、より多くの果実を手にすることが可能となるのです。

コロナ禍で日本の商品・技術・サービスを世界で展開する動きも

しかも、日本の商品・技術・サービスの中には、新型コロナウイルスの感染拡大をきっかけに海外からの需要が高まったものさえあります。

たとえば、2020年10月18日にNHKで放送されたニュース・ドキュメンタリー「新型コロナ 日本のデジタル技術をアジア各国の感染対策に」では、日本のデジタル技術が、感染対策等を目的としてシンガポールやミャンマーなどの国々で導入されている実情が紹介されました。

同番組では、都内の医療ベンチャー、Ubieや建設コンサルタント会社の日本工営が取り上げられました。

Ubieは2020年10月にシンガポールに法人を設立し、患者がスマホなどを使って症状に関する質問に答えていくと、どんな病気の可能性があるかをAIが判定して医師に伝えるという病院向けのサービスを提供しています。

待ち時間や診察時間の短縮、新型コロナウイルスの感染リスク減少の効果などが期待できるとされています。

一方、日本工営は、ミャンマーの観光地に進出し、現地の感染防止対策の状況が分かるウェブサイトを開発しているところです。

このようにコロナ禍がきっかけとなって、日本の優れた商品や技術に国際的な注目が集まっているという現状もあるのです。

おそらく、こうしたチャンスを活かせる中小企業はほかにも数多くあるはずです。

中小企業でも海外から役員を受け入れるのが当たり前になる

海外の企業や投資家と協力関係を結ぶ場合、先にも触れたように、対等なパートナーシップを組むスタンスが求められることになります。

その際に、気をつけておくべきポイントについても触れておきます。

まず、海外の投資家等から資本を受け入れた場合には、役員が送り込まれるケースもあり得ます。つまり経営陣のなかに外国人を受け入れることになるわけです。

すでに大企業では、外国人の役員が珍しくありません。１６７ページのグラフが示しているように、時価総額上位30位以内の企業では取締役の約１割が外国人となっています。また、日経２２５企業では20・９％の企業で、ＴＯＰＩＸ１００企業では31％の企業で外国人取締役が選任されています。

海外からの資本を受け入れることがごく普通に行われるようになれば、中小企業でも外国人役員を受け入れるのが当たり前になるでしょう。

そして、その場合、社内でのやりとりをますます世界の共通言語となった英語で行うことが必要になるかもしれません。

「自分は英語は苦手なのだが……」と心配になるかもしれませんが、案ずるより産むが易しで、いざとなればどうにかなるものです。重要な部分は当面、実務と英語の両方をカバーしている専門家にまかせて、社内ではじっくり全体としての英語力を、楽しみながらボトムアップすることで、以前よりかなり容易にグローバル化することも可能となっています。

実際、私自身も学生時代は英語はまったく得意ではありませんでした。外資系の会計事

[図表 11] 外国人取締役の推移（時価総額上位 30 位）

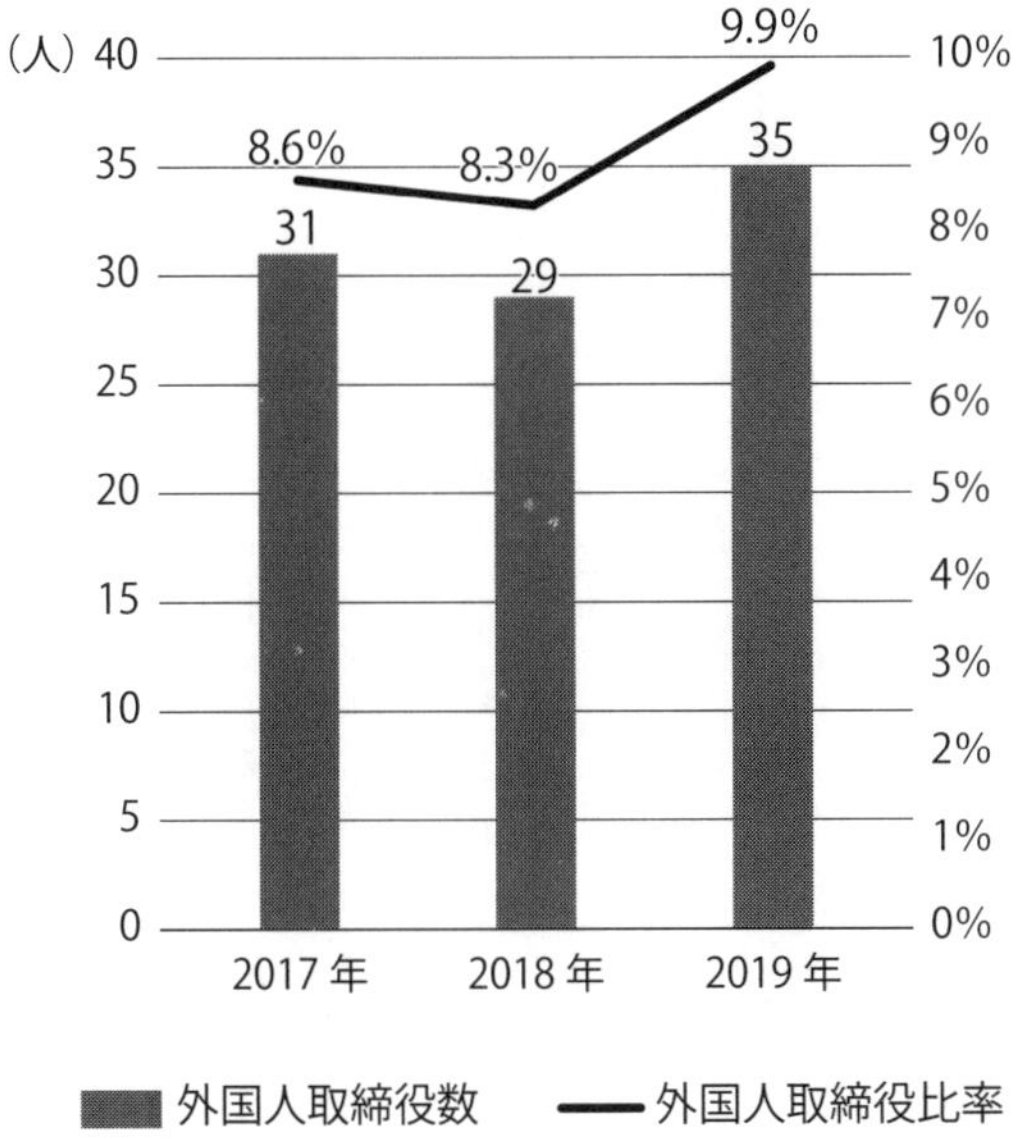

（出所）IR Japan

金融庁「第 21 回事務局参考資料（令和 2 年 11 月 18 日）」より

務所に入って海外で仕事をすることになり必要に迫られてどうにか対応できるようになったのです。

また、今は、自宅にいながらインターネットでネイティブの講師に英会話を学べるオンラインレッスンなど語学の学習をしやすい環境があります。必要があれば、そうした便利なサービスやツールなどを活用することを検討してみてもよいでしょう。

これからの経営者にはファイナンス力を身につけることが求められる

また、こうした英語力のほかに、海外パートナーと対等にやりとりするためには経営者自身が適切なファイナンスの知識を備えておくことも望ましいでしょう。

ここで一つ注意を促しておきたいのは、混同されることが多々ありますが、ファイナンスは会計とは別物であるということです。

まず、会計は、過去の業績を株主や役員、従業員などの利害関係者に対して報告し、企業経営の場面で必要となる意思決定の材料とすることを目的に行うものです。

そしてこのような会計の作業を行う際に、基準となるのがＧＡＡＰ（ギャープ）です。

ＧＡＡＰとは企業の財務会計の作成と報告を行うルールとして定められた〝Generally Accepted Accounting Principles（一般に公正妥当と認められた会計原則）〟のことです。

一方、ファイナンスは、資金をどのように調達し、どのように運用するのかを考えます。たとえば調達の場合であれば、株式の発行で行うのか、借り入れで調達するのか、また株式にしても優先株などさまざまな種類がありますし、借り入れにしても劣後ローンなど多種多様な手段があります。そのどれを選ぶかによって、資金調達のコストも大きく異なってきます。

このように、両者を比較すると、会計は過去の事象を振り返る作業であるのに対して、ファイナンスは将来に向かって検討する行為であり、そもそもの発想のスタートからして全く異なるわけです。

また、それぞれにおいて習得すべき知識やノウハウは別物であることから、海外の大学やＭＢＡスクールでは会計（アカウンティング）の講義とファイナンスの講義はそれぞれ別の教授や専門家が担当しています。

しかし、日本にはファイナンスを専門的に教えられる人材が不足しているため、会計の専門家がアメリカなどでファイナンスについて学び、日本に戻ったあと、会計だけでなくファイナンスも教えているようなケースが見られます。また、特にそのような状況がおかしいとも思われていません。

このように、日本では会計とファイナンスが、ともすればいっしょくたにされており、きちんと区別されない傾向が見られます。

グローバルな世界で求められているのはＤＣＦ法の発想

ファイナンス力を身につけるのであれば、ぜひ、ＤＣＦ法の発想をおさえてください。

ＤＣＦ法（ディスカウンテッド・キャッシュフロー・メソッド）とは、企業価値や不動産価値を測る指標の一つです。将来にわたって生み出されるキャッシュフローの合計と企業・不動産の売却予定額を、あらかじめ設定した割引率を用いて換算し、その企業・不動産の現在価値を算定するものです。

具体的には、その企業が将来、毎年生み出すであろうキャッシュフロー額から金利分を割り引いてキャッシュフローの現在価値（毎年生み出すキャッシュフローの合計を現在の価値に引き直したもの）を算出し、そこから負債を差し引き、さらにのれん代などを加減して企業の価値を決めます。

つまり、資産の価値を、「その資産がこれからどれだけの資産を生み出すのか」をもとに評価するのがＤＣＦ法の考え方です。分かりやすくいえば、「10年後の１００万円の価値は今日の１００万円の価値と同じではない」というのがＤＣＦ法の思考です。なぜなら、今日の１００万円を10年間運用すれば、その間、利子がついて１００万円以上になるからです。

こうしたＤＣＦ法の発想は、世界のビジネスではごく当たり前となっているのですが、日本ではほとんど浸透していません。大企業から中小企業に至るまで、今日の１００万円も10年後の１００万円も同じ価値とみなされているのです。

海外からの投資を受けるときに、このような世界標準の価値評価方法が頭のなかにないことが、交渉等の妨げになる恐れもあります。ＤＣＦ法について細かな計算方法まで知る必要はありませんが、少なくともその基本的な考えについては理解しておくことが望ましいでしょう。

アフターコロナ時代に問われる世界各国との付き合い方

これから海外進出に取り組むにあたり、注意すべきなのは中国の動向です。

現在、中国は「メイド・イン・チャイナ２０２５（中国製造２０２５）」と呼ばれる製造業発展計画を進めているところです。同計画は中国の製造業が抱える課題の発展的解消を図るものであり、そのなかでは次のような重点分野が掲げられています。

・次世代情報技術（半導体、次世代通信規格「５Ｇ」）
・高度なデジタル制御の工作機械・ロボット
・航空・宇宙設備（大型航空機、有人宇宙飛行）
・海洋エンジニアリング・ハイテク船舶
・先端的鉄道設備
・省エネ・新エネ自動車
・電力設備（大型水力発電、原子力発電）

・農業用機材（大型トラクター）
・新素材（超電導素材、ナノ素材）
・バイオ医薬・高性能医療機械

なかでも、①の半導体に関しては自給率を2025年までに70％にするという目標を打ち出しています。174ページのグラフが示しているように中国の半導体の自給率は現在、15・9％にとどまっており、多くを海外に依存しているためです。

中国がこのような産業政策を進めるなかで、これから日本の製造業者に対してもさまざまな働きかけが行われることが予想されます。

日本の中小メーカーのなかには優れた技術力・開発力を備えていながら、資金不足に悩んでいるところが少なくありません。中国政府の息のかかった企業や投資家が、そうした中小メーカーに近づき、技術移転を条件として資金提供を提案してくるケースが増えてくる可能性があります。

背に腹は替えられないと応じたくなるかもしれませんが、尖閣諸島や香港、ウイグル問

[図表 12] 中国の半導体市場と国内半導体生産高の推移

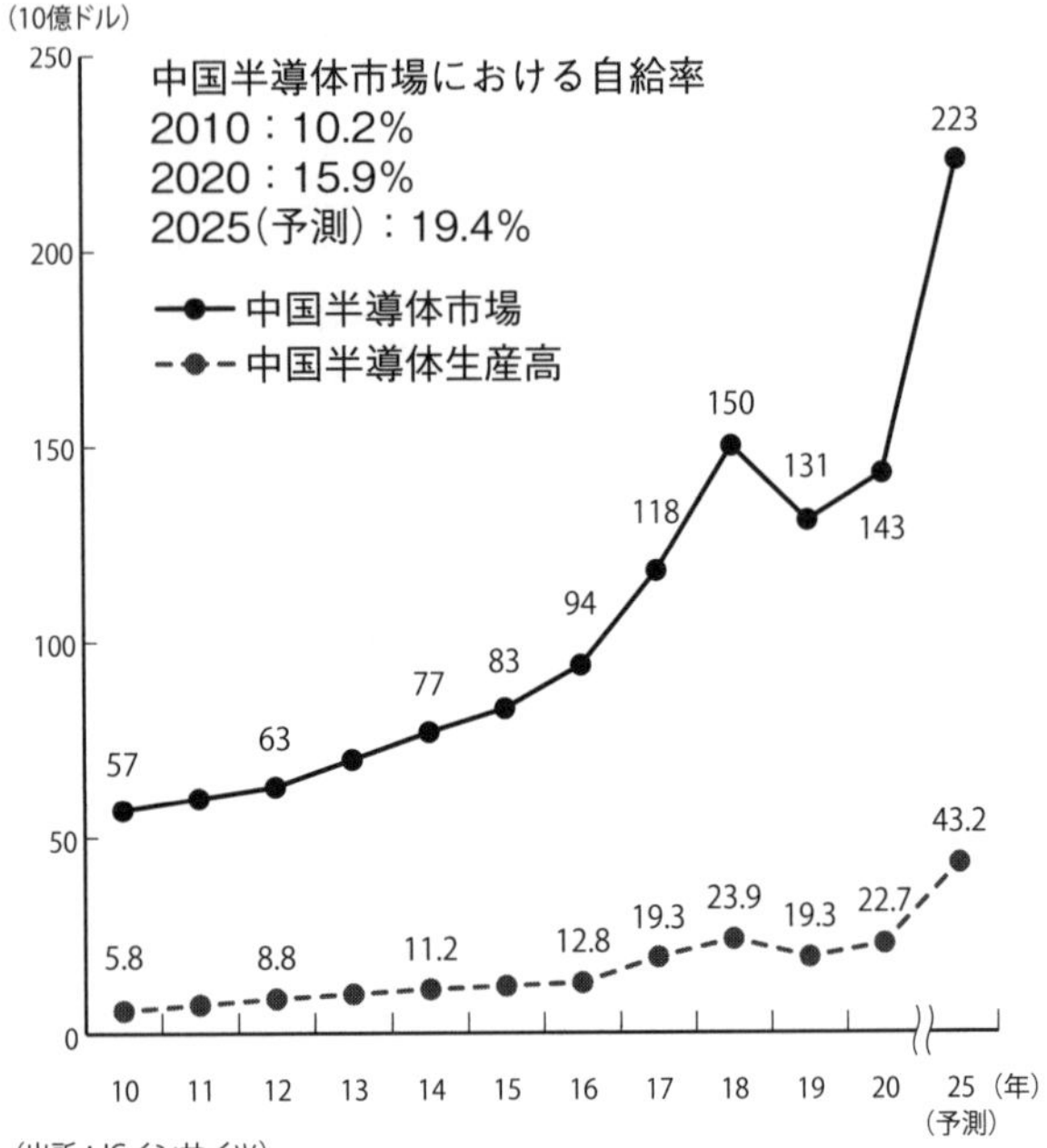

(出所：ICインサイツ)

2021年1月12日付電波新聞「25年、19.4%に止まる中国の半導体自給率見通し」より

題を巡る近時の中国政府の言動などを踏まえると、そうした提案を受け入れることが日本の国益に反する恐れがあります。ただ全体的には信頼できない場合でも、個々の地元企業との信頼関係を構築し、日系コンサルタントなどを介して純粋に中国国内マーケットを攻めるという〝中国型〟グローバル戦略もあると思われます。

アフターコロナともいわれるこれからの新たな時代、大企業はもちろん、中小企業も国と国との関係を視野に入れながら、どの国の企業とパートナーシップを結ぶのかを慎重に考えることが必要になるのかもしれません。

海外企業と提携して国内マーケットの掘り起こしを行うという選択肢も

海外の企業や投資家とパートナーシップを組むことによって、企業経営において取り得る選択肢や可能性は2倍、3倍と大きく広がることは間違いありません。

本書では、海外の投資家・企業をパートナーに迎えて、国外マーケットに進出することを勧めてきました。一方で、そうした海外パートナーのサポートを得て、海外の先進的なノウハウを導入することで国内マーケットの可能性を追求するという選択肢もあり得ます。

たとえば、フィットネスジムに関しては、ＩＴ技術を活用するなどして日本よりも一歩、二歩、先にいくオペレーションやサービスを実現している国があります。

現在、会員数が頭打ちとなっているようなジムであれば、そうした国のフィットネスジム企業と提携して日本人向けのアプリを開発するなどの試みを行い、最先端のデジタル技術を導入したジムであることをアピールして国内需要の新たな掘り起こしを狙うことは十分に可能でしょう。

このように、海外にパートナーを見いだすことによって、国外進出に限らず経営の行き詰まりを打ち破るための何らかのヒントを見つけることができるはずです。

ぜひ、これからの経営戦略の一つとして、海外の企業・投資家と協力関係を築く道を前向きに探ってみてください。

おわりに

2021年春、日本でワクチンの接種が遅々として進まないあいだに世界では、ワクチン接種が着々と行われ、感染者数が大きく減少した国が続出しています。日本は先進国家群から取り残されようとしています。

日本の地盤沈下のもとで日本経済の立ち直りが危惧されるなか、業績が悪化した企業が復活を遂げるための処方せんとして、〝先進国型〟であれ〝中国型〟であれ、海外の企業や投資家と対等なパートナーシップを築いてグローバルマーケットに活路を見いだすグローバル戦略は、これからますます必要とされるに違いありません。

本書のタイトルには「活路は海外にある」とありますが、本書をここまで読んでくださった方には、それは日本から海外への単なる進出ではなく、グローバルマーケットを一体的に捉えたうえでの戦略であることが理解していただけたかと思います。

そして中小企業がV字回復の手段として海外展開を進めるうえでは、再生のエコシステムがさらに使い勝手のよいものになることも求められるでしょう。そこで、最後に今ある再生の仕組みについて、これから改善が望まれる問題点にも触れておきます。問題点は大きく二つあり、中小企業再生支援協議会や銀行等の金融機関に関する事柄と、わが国の再生リテラシーに関する事柄です。

まず、中小企業再生支援協議会についてです。現状、金融機関OBや地元の会計専門家、中小企業診断士といった優秀な人材が所属している協議会は有効に機能しており、多くの中小企業がそのサポートを得て再生を果たしているところですが、日本がグローバルマーケットの一員として活路を見いだすためには、個々の協議会の運用実態についていくつかの問題もあります。

それは、再生に関わる当事者、すなわち債務者企業、銀行等の民間金融機関に対して、ともすれば〝リスペクト不在〟ともいえるスタンスをとる事例が見られることです。

ある協議会のケースでは、債務者企業の事業基盤がすでに毀損しているにもかかわらず、債務者企業と民間金融機関に対してベストではない第二会社方式の改善計画を、後学のために強制しようとしていたそうです。このときは、保証責任を回避したい債務者企業のオーナー自身と、無駄な信用コストを払いたくない民間金融機関双方の立場から第二会社方式の阻止をサポートし、十億近い債権毀損を数年先延ばしすることに成功したそうです。

このような、債務者企業、銀行がリスペクトされず粗末に扱われる現状が、一部でも存在する、あるいは運用スタンスが統一的でないことに関しては、おそらく海外の投資家・企業・専門家も違和感・不信感を抱くはずなので、グローバルな視点から見ても是正の取り組みが求められるといえるでしょう。

ただ、このような課題に関しては中小機構の下部組織としての中小企業再生支援全国本部が速やかに是正してきた仕組みがあり、〝先進国型〟グローバル戦略の普遍化に際しても、わが国の先進経済としてのグローバル評価を再生実務から維持していくと確信します。

次に、銀行等の民間金融機関に関する改善すべき点についてです。再生のエコシステムにはメガバンク、地方銀行や信用金庫などの金融機関も深く関わっていますが、そうした銀行等にも改善すべきところがあります。特に大きな問題は、担当者によって再生の作業意義に対する理解度に大きな差があるところです。

公認会計士など再生の実務を担う専門家の立ち振る舞いは、依頼者が公的機関なのか、あるいはどの立ち位置の金融機関に頼まれるのかによって、さらには再生対象となる企業のおかれている状況によって異なってきます。

そうした背景事情があることを知らず、表面だけを見て「再生が失敗したのは専門家の能力が不足していたからだ」などと被害者的でネガティブな評価を下す金融機関の担当者もいます。しかし、見る人が見れば「そもそもあの会社は再生がはなから難しかったのだが、あの専門家は理由があってそれをあえて引き受けたのだ」と判断できるケースもあるのです。

このように担当者が専門家の評価を誤ることがあるのは、再生のノウハウや知見が担当者間で十分に引き継がれていないことも一因でしょう。そうした引き継ぎの仕組みを組織的に構築することが金融機関には求められるのかもしれません。

わが国の再生リテラシーに関する問題は、グローバルスタンダードから見て、経済文化的な異質性から発生しています。

一つは、先進経済共通の時間価値の観点を欠いていることです。具体的には、海外の投資家や企業とコミュニケーションを行ううえで求められる、ファイナンスに関する専門知識や常識が不足しています。

一例を示すと、デューデリジェンスや再生の手法として第二会社方式を行う際などに、グローバルでは常識となっているＤＣＦ法ではなく、海外基準から見れば疑問視されるような静態的な企業価値評価を行う（もしくはまったく評価を行わない）ようなケースが散見されます。

こうした手法を放置したままでいれば、「日本のやり方は不安だ」「デューデリジェンスが信頼できない」と海外の投資家や企業が、協議会の支援を受けている中小企業に出資することに躊躇する恐れがあります。

もう一つは、債務者企業に対して「金を借りておきながら返さないのは犯罪と同じだ」といわんばかりの言動を暗に示す傾向があることです。

しかし、観念的であれ返済できずにいる債務者をそのように悪者扱いするのは日本的な考えであり、他の国ではあまり見られません。もっとも、グローバルの認識とは異なりますが、わが国では逆に甘やかし過ぎず毅然とした態度で債務者に接することが、かえって債務者企業のためになることがあるゆえの経験知かもしれません。

以上に述べてきたような問題点がこれから改善・解消されていけば、日本の再生エコシステムは今以上に中小企業の経営立て直しの大きな力となり、さらには海外の投資家・企業がすんなりと受け入れやすいものになるはずです。日本企業が売り手であっても買い手であっても、日本企業同士や日本の環境のなかにこもらず、常に独自の日本とグローバルの「再生」目線をもって行動することで、そうした未来が訪れることを切に願ってやみません。

令和３年６月吉日　株式会社ブレストパートナーズ代表取締役　中澤敏和

中澤敏和（なかざわ としかず）

株式会社ブレストパートナーズ代表取締役、公認会計士、税理士、認定経営革新等支援機関

アーサーアンダーセン東京、米国（オハイオ州コロンバス及びシンシナティ）、中華人民共和国（北京）各事務所において現地法人・銀行支店の監査・コンサルティングに従事。東京での財務アドバイザリー部門立ち上げに参画した後、PwCFAS、KPMGあずさ、アビームM&Aコンサルティング、EY新日本を経て現在に至るまで投融資に関わるアドバイザーとして、事業分析、デューデリジェンス、事業計画策定、資金繰り、企業価値算定、VC／PEファンド組成・運営・投資、M&A及びPMI助言等、多岐にわたる分野で金融機関や公的機関、VC／PEファンドなどさまざまな顧客にグローバルな視点から助言を行い、数多くの中小企業の経営改善・構造改革を実現してきた。現在は、クロスボーダーM&A、税務など国境を越えた日本企業のサポートも幅広く手掛けている。

本書についての
ご意見・ご感想はコチラ

活路は「海外」にある！
V字回復を実現する「究極の事業再生術」

二〇二一年七月二九日　第一刷発行

著　者　中澤敏和
発行人　久保田貴幸
発行元　株式会社　幻冬舎メディアコンサルティング
〒一五一-〇〇五一　東京都渋谷区千駄ヶ谷四-九-七
電話　〇三-五四一一-六四四〇（編集）
発売元　株式会社　幻冬舎
〒一五一-〇〇五一　東京都渋谷区千駄ヶ谷四-九-七
電話　〇三-五四一一-六二二二（営業）
印刷・製本　シナノ書籍印刷株式会社
装　丁　加藤綾羽
検印廃止

Printed in Japan　ISBN 978-4-344-93097-1 C0034
幻冬舎メディアコンサルティングHP　http://www.gentosha-mc.com/